El juego de la vida

Y cómo jugarlo

Florence Scovel Shinn

Sociedad de publicación de Ángel 2015

ISBN-13:
978-1518842863

ISBN-10:
1518842860

Contents

EL JUEGO DE

Mayoría de la gente considera la vida una batalla, pero no es una batalla, es un juego.

Es un juego, sin embargo, que no se pueden reproducir con éxito sin el conocimiento de la ley espiritual, y el antiguo y el nuevo testamento dan las reglas del juego con maravillosa claridad. Jesús Cristo enseñó que era un gran juego de *dar y recibir*.

"Lo que un hombre siembra eso también segará." Esto significa que cualquier hombre envía de palabra o de obra, volverá a él; lo que él da, él recibirá.

Si da odio, recibirá odio; Si él da amor, recibirá amor. Si él da crítica, recibirá críticas; Si miente va ser mintió; Si engaña él se engañó. Nos enseña también, que la Facultad imagen desempeña un papel principal en el juego de la vida.

"Mantener tu corazón (o imaginación) con toda diligencia, para salir de ella son los problemas de la vida." (Prov. 4:23.)

Esto significa que qué imágenes del hombre, tarde o temprano se externaliza en sus asuntos. Sé de un hombre que temía a una determinada enfermedad. Es una enfermedad muy rara y difícil de conseguir, pero en la foto continuamente y leer sobre él hasta que manifiesta en su cuerpo, y él murió, víctima de imaginación distorsionada.

Por lo que vemos, para jugar con éxito el juego de la vida, debemos formamos la imagen de la Facultad. Una persona con una imagen Facultad formada a la imagen sólo bueno, trae a su vida "cada deseo justa de su corazón": salud, riqueza, amor, amigos, expresión perfecta, sus más altos ideales.

La imaginación ha sido llamada, "*las tijeras de la mente*,"siempre es cortar, corte, día a día, las fotos hombre ve allí y tarde o temprano se encuentra con sus propias creaciones en su mundo exterior. Para capacitar con éxito a la imaginación, el hombre debe comprender el funcionamiento de su mente. Los griegos, dijo: "Conócete a ti."

Hay tres departamentos de la mente, el *subconsciente, consciente y superconsciente*. El subconsciente, es simplemente energía, sin dirección. Es como el vapor o la electricidad, y lo hace lo indique; no tiene poder de inducción.

Cualquier hombre se siente profundamente o imágenes claramente, es impresionado sobre la mente subconsciente y llevó a cabo en los detalles.

Por ejemplo: una mujer que conozco, cuando un niño, siempre"creer" era una viuda. Ella "vestidos" en ropa de color negro y llevaba un velo negro largo, y pensaron que era muy inteligente y divertido. Ella creció y se casó con un hombre con quien ella estaba profundamente enamorada. En poco tiempo murió y ella llevaba negro y un velo de barrido durante muchos años. La imagen de sí misma como una viuda quedó impresionada con la mente subconsciente y a su debido tiempo se trabajó hacia fuera, sin importar el caos creado.

La mente consciente ha sido llamada mente carnal o mortal.

Es la mente humana y ve la vida como le *parece*. Ve muerte, desastre, enfermedad, la pobreza y la limitación de todo tipo, y que impresiona al subconsciente.

La mente *superconsciente* es la mente de Dios dentro de cada hombre y es el Reino de las ideas perfectas.

En él, es el "*patrón ideal*" hablada de Platón, *El divino diseño*; pues no hay un *Diseño divino* para cada persona.

"*Hay un lugar que usted debe llenar y nadie puede llenar, algo que tiene que ver, que nadie más puede hacer*."

Hay un cuadro perfecto de esto en la *mente súper consciente*. Generalmente destella a través de la conciencia como un ideal inalcanzable: "algo demasiado bueno para ser verdad".

En realidad es hombre verdadero destino (o destino) brilló a lo de la inteligencia infinita que está *dentro de sí mismo*.

Muchas personas, sin embargo, en la ignorancia de su verdadero destino y buscan cosas y situaciones que no les pertenecen y sólo traería fracaso y descontento si logró.

Por ejemplo: una mujer vino a mí y me pidió que la "palabra" que se casaría con un hombre con quien ella estaba muy enamorada. (Ella le llama A. B.)

Me respondió que esto sería una violación de la ley espiritual, sino que hablaría de la palabra para el hombre adecuado, la "selección divina" el hombre que perteneció a ella por derecho divino.

Añadí, "Si A. B. es el hombre adecuado no puede perderlo, y si no, usted recibirá su equivalente. Ella vio A. B. frecuentemente, pero no fue avanzado en su amistad. Una noche me llamó y dijo: "Sabe usted, durante la última semana, A. B. no parecía tan maravilloso para mí". Le respondí, "tal vez no es la selección divina, otro hombre puede ser el derecho." Poco después conoció a otro hombre que cayó en amor con ella a la vez, y quién dijo que ella era su ideal. De hecho, dijo que todas las cosas que ella siempre había deseado A. B. diría a ella.

Ella comentó, "Fue muy extraño".

Pronto volvió su amor y perdió todo interés en A. B.

Esto demuestra la ley de sustitución. Una idea correcta se sustituyó por uno malo, por lo tanto, no participó ninguna pérdida o sacrificio.

Jesús Cristo dijo: "Buscad primero el Reino de Dios y su justicia; y todas estas cosas os serán añadidas a usted,"y dijo que el Reino *estaba dentro del hombre*.

El Reino es el Reino de *ideas de derecha*, o el patrón divino.

Jesús Cristo enseñó que palabras del hombre desempeñaron un papel principal en el juego de la vida. "Por tus palabras son justificadas y por tus palabras son condenados.

Muchas personas han hecho desastres en sus vidas a través de palabras ociosas.

Por ejemplo: una mujer una vez me preguntó por qué su vida era ahora uno de pobreza de la limitación. Antes tenía una casa, estaba rodeada de cosas hermosas y tenía un montón de dinero. Encontramos en ella a menudo había cansado de la gestión de su casa y había dicho repetidas veces, "estoy enfermo y cansado de las cosas — deseo que vivía en un tronco," y agregó: "Hoy estoy viviendo en eso tronco." Ella había hablado a sí misma en un tronco. La mente subconsciente no tiene sentido del humor y gente a menudo broma en experiencias infelices.

Por ejemplo: una mujer que tenía una gran cantidad de dinero, bromeó continuamente acerca de "preparándose para el poorhouse."

En unos pocos años estaba casi indigente, que impresionó la mente subconsciente con un cuadro de carencia y limitación.

Afortunadamente la ley trabaja ambas maneras, y una situación de carencia puede cambiarse a una de abundancia.

Por ejemplo: una mujer vino a mí uno caliente día de verano para un "tratamiento" para la prosperidad. Estaba desgastado, abatido y desalentado. Ella dijo que tenía sólo ocho dólares en el mundo. Dije, "Bueno, nos bendiga a ocho dólares y multiplicarlas como Jesucristo multiplicó los panes y los peces," pues él enseñó que todo hombre tuviera el poder para bendecir y a multiplicar, para sanar y prosperar.

Ella dijo, "¿qué haré después?"

Le respondí, "seguir la intuición. ¿Tenéis una 'corazonada' para hacer cualquier cosa, o para ir a cualquier parte? Medio de la intuición, la intuición, o a aprender desde dentro. Es guía infalible del hombre, y trato más plenamente con sus leyes en un capítulo siguiente.

La mujer respondió: "no sé, me parece que tienen una 'corazonada' para ir a casa; Tengo suficiente dinero para el pasaje." Su casa estaba en una ciudad lejana y era uno de carencia y limitación, y la mente de razonamiento (o intelecto) habría dicho: "permanecer en Nueva York y trabajar y hacer algo de dinero." Le respondí, "volver a casa — una corazonada no viole nunca." Habló las siguientes palabras para ella: «*Espíritu Infinito abre el camino para la gran abundancia de — —. Ella es un imán irresistible para todo lo que le pertenece por derecho divino.* " Le dije que lo repita continuamente también. Ella se fue para casa inmediatamente. Para pedir a una mujer un día, ella se vinculó con un viejo amigo de su familia.

A través de este amigo, recibió miles de dólares de un modo más milagroso. Ella me dicen a menudo, «Personas dicen acerca de la mujer que vino a usted con ocho dólares y una corazonada».

Siempre hay *un montón en el camino del hombre;* pero sólo puede ser *traído a la manifestación* a través del deseo, la fe o la palabra hablada. Jesús Cristo traído hacia fuera claramente que el hombre debe hacer el *primer movimiento.*

"*Ask*y será dado, busca y hallaréis, llamo, y se abrirá a ti. (Mat. 7:7.)

En las escrituras leemos:

"Con respecto a las obras de mis manos, comando ye me.

Inteligencia infinita, Dios, está siempre lista para llevar a cabo las demandas más pequeño o más grandes del hombre.

Cada deseo, pronunciadas o unexpressed, es una demanda. A menudo estamos asustados por tener un deseo cumplido pronto.

Por ejemplo: una semana Santa, después de haber visto muchos Rosales hermoso en windows de los floristas, deseaba me recibe uno y por un instante vio mentalmente llevan en la puerta.

Vino de la Pascua y con él un hermoso Rosal. Dio las gracias a mi amiga al día siguiente y le dijo que era justo lo que yo quería.

Ella respondió: ¡ no enviarles un rosal, te envié lirios!

El hombre había mezclado la orden y me envió un rosal simplemente porque había comenzado la ley en acción y *que tenía que tener un rosal.*

Nada se interpone entre el hombre y sus más altos ideales y cada deseo de su corazón, pero la duda y el miedo. Cuando el hombre puede "desear sin preocuparse", cada deseo se cumplirá al instante.

Voy a explicar más completamente en un capítulo siguiente la razón científica para ello y qué miedo debe ser borrado de la conciencia. Es el único enemigo del hombre: miedo de la falta, miedo al fracaso, miedo a la enfermedad, miedo a perder y un sentimiento de *inseguridad en algún plano.* Jesús Cristo dijo: "¿por qué sois temerosos, oh hombres de poca fe?" (Mat. Invertido de 8:26.) para que podamos ver que debemos sustituir fe por miedo, miedo es solamente fe; es fe en el mal en lugar de bueno.

El objeto del juego de la vida es ver claramente uno es bueno y borrar todas las imágenes mentales del mal. Esto debe hacerse por impresionar la mente subconsciente con una realización del bien. Un hombre muy brillante, que ha alcanzado gran éxito, me dijo que repentinamente había borrado todo el miedo de su conciencia por un cartel que cuelga en una sala de lectura. Vio impreso en letras grandes esta declaración: "*por qué preocuparse, probablemente nunca sucederá.*" Estas palabras fueron sello indeleble en su mente subconsciente, y ahora tiene una firme convicción de que sólo bueno puede venir en su vida, por lo tanto sólo *puede manifestar bien.*

En el siguiente capítulo se tratarán los diferentes métodos de impresión de la mente subconsciente. Es siervo fiel del hombre pero uno debe tener cuidado para darle las órdenes de la derecha. El hombre tiene siempre un oyente silencioso a su lado, su mente subconsciente.

Cada pensamiento, cada palabra es impresionado sobre él y llevó a cabo en asombroso detalle. Es como un cantante hacer un disco en el disco de sensibilidad de la placa fonográfica. Cada nota y el tono de la voz del cantante es registrada. Si tose o vacila, se inscribe también. Debemos romper todos los viejos registros mal en la mente subconsciente, los registros de nuestras vidas que no deseamos, y hacer unos nuevos y hermosos.

Hablar estas palabras en voz alta, con poder y convicción: "ahora destruir y demoler (por mi palabra) cada registro falso en mi subconsciente. Se vuelven al montón de polvo de su nativa nada, para que vinieron de mi propia imaginación vana. Ahora hago mis discos perfectos a través del Cristo dentro, los registros de *salud, riqueza, amor y expresión perfecta.* " Esta es la Plaza de la vida, *el juego terminó.*

En los siguientes capítulos, voy a mostrar cómo el hombre puede *cambiar sus condiciones cambiando sus palabras.* Cualquier hombre que no sabe el poder de la palabra, está detrás de los tiempos.

"*Muerte y vida están en poder de la lengua.*"
(Prov. 18:21.)

LA LEY DE LA PROSPERIDAD

"sí, el Todopoderoso será tu defensa
y tendrás un montón de plata.

Uno de los mensajes más dados a la raza a través de las escrituras es que Dios es fuente del hombre y que hombre puede liberar, *a través de su palabra*, todo lo que le pertenece por derecho divino. Sin embargo, debe, tiene *perfecta fe en su palabra*.

Isaías dijo: "mi palabra no volverán a mí vacío, pero deberá lograr donde ella se envía". Ahora sabemos, que las palabras y pensamientos son una tremenda fuerza vibratoria, siempre moldeado cuerpo y asuntos del hombre.

Una mujer vino a mí en gran angustia y dijo que iba a ser demandado el 15 del mes por 3 mil dólares. Ella sabía que no hay manera de conseguir el dinero y fue en desesperación.

Le dije que Dios era su fuente y *que hay una fuente para cada demanda*.

Así habló la palabra! Dio gracias que la mujer recibiría 3 mil dólares en el momento de la manera correcta. Le dije ella debe tener fe perfecta, actuar su *fe perfecta*. Vino el 15 pero dinero no se había materializado.

Ella me llamó en el ' teléfono y le preguntó qué iba a hacer.

Le respondí, "es el sábado, así que no demandan hoy. Su parte es rica, de tal modo demostrando fe perfecta que usted recibirá del lunes. " Ella me preguntó a almorzar con ella para mantener su valor. Al que se unió a ella en un restaurante, dijo, "no es momento para economizar. Ordene un almuerzo caro, actuar como si ya han recibido los 3 mil dólares.

"Todas las cosas que os pido en oración, *creyendo*, recibiréis." "Debe actuar como si tuvieras *ya recibido*." A la mañana siguiente ella me llamó en el ' teléfono y me pidió quedarse con ella durante el día. Dijo "No, usted está protegido divinamente y Dios nunca es demasiado tarde.

En la noche ella ' llamó otra vez, muy excitado y dijo, "mi querido, un milagro ha sucedido! Estaba sentado en mi habitación esta mañana, cuando sonó el timbre. Le dije a la sirvienta: ' no dejes que nadie pulg. ' la criada sin embargo, mirado por la ventana y dijo: 'Es tu primo con la larga barba blanca'.

Así que me dije, ' lo telefónicamente. Me gustaría verlo.' Él solo daba vuelta la esquina, cuando escuchó la voz de la criada y *volvió*.

Habló por una hora, y justo cuando salía él dijo, ' Oh, por cierto, ¿cómo son las finanzas?'

Le dije que necesitaba el dinero, y él dijo: 'por qué, mi estimado, voy a darle 3 mil dólares el primer día del mes.'

Me gustó que le dijera que iba a ser demandado. ¿Qué debo hacer? No voy a *recibirlo hasta* el primer día del mes, y debo tenerla mañana. Dije, "Te mantenga por ' tratando.'"

Dije, "el espíritu nunca es demasiado tarde. Te doy las gracias que ha recibido el dinero en el plano invisible y que se manifiesta en el tiempo." A la mañana siguiente su prima la llamó para arriba y dijo, "Venga a mi oficina esta mañana y te doy el dinero. Esa tarde, tenía 3 mil dólares a su crédito en el Banco y escribió cheques tan rápido como permita su emoción.

Si uno pide para el éxito y se prepara para el fracaso, obtendrá la situación que ha preparado para. Por ejemplo: un hombre vino a mí pidiéndome que hablar la palabra que cierta deuda sería desaparecer.

Me encontré con que él pasó su tiempo planeando lo que decía el hombre cuando él no pagó su factura, neutralizando de tal modo mis palabras. Hubieras visto a sí mismo pago de la deuda.

Tenemos una maravillosa ilustración de esto en la Biblia, relativos a los tres reyes que estaban en el desierto, sin agua para sus hombres y caballos. Consultó al profeta Eliseo, que les dio este mensaje sorprendente:

"Así dice el Señor: no veréis viento, ni os verán lluvia, todavía hace este valle lleno de las zanjas."

Hombre debe prepararse para lo que ha solicitado, *cuando no hay la menor señal de que a la vista.*

Por ejemplo: una mujer resultaba necesario buscar un apartamento durante el año cuando había una gran escasez de apartamentos en Nueva York. Se consideraba casi un imposible y su amigos lo sentía por ella y dijo: "no es demasiado malo, que usted tendrá que almacenar sus muebles y vivir en un hotel." Ella respondió: *"usted no me compadezca, soy un superhombre, y voy a un apartamento."*

Ella dijo las palabras: "*Espíritu Infinito, abre el camino para el apartamento correcto.*" Ella sabía que había una fuente para cada demanda y que ella era "incondicionada", trabajando en el plano espiritual, y que "uno con Dios es una mayoría".

Ella había contemplado comprar mantas nuevas, cuando "el tentador", el pensamiento o razonamiento de la mente, sugerido, "no comprar las mantas, tal vez, después de todo, usted no consigue un apartamento y usted no tendrá ningún uso para ellos." Respondió con prontitud (a ella): "A cavar zanjas de mi comprando las mantas!" Así que prepárate para el apartamento, actuaba como si ella ya lo tenían.

Encontró de manera milagrosa, y se le dio a ella aunque había más de *doscientos otros solicitantes.*

Las mantas demostraron fe activa.

Es innecesario decir que las zanjas cavadas por los magos Reyes en el desierto fueron llenadas en exceso que fluye. (Lea, II Reyes.)

Conseguir el ritmo espiritual de las cosas es fácil para la persona promedio. Los pensamientos negativos de duda y el miedo surge del subconsciente. Son el "ejército de los extranjeros" que debe poner al vuelo. Esto explica por qué tan a menudo, es "más oscura antes del amanecer."

Una gran manifestación generalmente es precedida por atormentar pensamientos.

Haber hecho una declaración de la alta verdad espiritual uno desafía las viejas creencias en el subconsciente, y "error se expone" para poner hacia fuera.

Este es el momento cuando uno debe hacer repetidamente, sus afirmaciones de la verdad y regocijarnos y dar gracias que ya ha recibido. "Antes de llaman a os respondo." Esto significa que "todo Don bueno y perfecto" ya es hombre de espera su reconocimiento.

Hombre sólo puede recibir lo que él se ve recibiendo.

Los hijos de Israel dijeron que podría tener toda la tierra que podían ver. Esto es cierto de cada hombre. Él tiene sólo la tierra dentro de su propia visión mental. Cada gran trabajo, cada gran logro ha sido llevado a manifestarse a través de sostener la visión y a menudo justo antes del gran logro, viene aparente fracaso y desánimo.

Los hijos de Israel cuando llegaron a la "tierra prometida", tenían miedo de entrar, porque dijeron estaba llena de gigantes que les hizo sentir como saltamontes. "Y allí vimos a los gigantes y estábamos en nuestra propia vista como tolvas de la hierba. Esta es la experiencia de casi todos los hombres.

Sin embargo, aquel que conoce la ley espiritual, por aspecto y se regocija mientras él está "aún en cautiverio." Es decir, tiene a sus visión y da gracias que al final se logra, él ha recibido.

Jesús Cristo dio un ejemplo maravilloso de esto. Dijo a sus discípulos: «Decid no, hay todavía cuatro meses y luego viene la cosecha? He aquí, yo os digo: Alzad vuestros ojos y mirar en los campos; porque son maduros ya para la siega". Su visión clara había atravesado el "mundo de la materia" y vio claramente el mundo cuarto dimensional, las cosas como realmente son, perfecto y completo de la divina mente. Por lo tanto

hombre debe sostener la visión de su viaje final y demanda la manifestación de lo que ya ha recibido. Tal vez su perfecto estado de salud, amor, fuente, autoexpresión, casa o amigos.

Son todo acabados y perfecto ideas registradas en la mente divina (la mente superconsciente del hombre) y debe venir a través de él, no a él. Por ejemplo: un hombre vino a mí preguntando por tratamientos para el éxito. Es imperativo que levante, dentro de cierto tiempo, 50 mil dólares para su negocio. El límite de tiempo casi para arriba, fue cuando él vino a mí en la desesperación. Nadie quería invertir en su empresa, y el banco había negado rotundamente un préstamo. Me respondió: "supongo que has perdido los estribos mientras que en el Banco, por lo tanto tu poder. Usted puede controlar cualquier situación si primero controlan de sí mismo." «Ir al Banco,» añadí, y se trato.» Mi tratamiento fue: "se identifican en el amor con el espíritu de todo el mundo conectado con el Banco. Que la idea divina salir de esta situación". Él respondió: «mujer, estamos hablando de una imposibilidad. Mañana es el sábado; el Banco cierra a las doce y mi tren no meterme allí hasta diez y el plazo es hasta mañana, y de todos modos no lo hacen. Es demasiado tarde". Le respondí, "Dios no necesita ningún tiempo y nunca es demasiado tarde. Con él todas las cosas son posibles." He añadido, "no sé nada sobre el negocio, pero quiero saber todo sobre Dios." Él respondió: "todos los sonidos bien cuando me siento aquí, escuchando de ti pero cuando salgo es terrible." Vivía en una ciudad distante, y no se supo de él durante una semana, luego vino una carta. Se lee: "tenía razón. Levanté el dinero y nunca más se duda de la verdad de todo lo que usted me dijo."

Lo vi unas semanas más tarde, y dije: "¿Qué pasó? Evidentemente había un montón de tiempo, después de todo." Él respondió: "mi tren era tarde, y llegué allí a sólo quince minutos a doce. Yo caminaba tranquilamente en el Banco y dijo: 'He venido para el préstamo', y me lo dieron sin una pregunta.

Era los últimos quince minutos del tiempo asignado a él, y Espíritu infinito no era demasiado tarde. En este caso el hombre no podría nunca han demostrado solo. Necesitaba alguien que le ayudara a sostener la visión. Esto es lo que un hombre puede hacer por otro.

Jesús Cristo sabía la verdad de esto cuando dijo: "Si dos de vosotros se pusieren de acuerdo en la tierra acerca de cualquier cosa que se preguntan, se hará por mi padre que está en los cielos." Uno consigue también cerca de sus propios asuntos y se convierte en dudoso y temeroso.

El "curandero" o amigo ve claramente el éxito, salud o prosperidad y nunca dudamos, porque no está cerca de la situación.

Es mucho más fácil "demostrar" para alguien que para uno es uno mismo, por lo que una persona no debe vacilar en pedir ayuda, si se siente a sí mismo dudando.

Un agudo observador de la vida una vez dijo: "ningún hombre puede fallar, si alguna persona ve éxito." Tal es el poder de la visión, y muchos un gran hombre ha debe su éxito a una esposa o hermana o un amigo que "creyeron en él" y llevó a cabo sin titubear al patrón perfecto!

EL PODER DE LA PALABRA

"Por tus palabras que tú serás justificado,
y por tus palabras serás condenado."

Una persona que sabe el poder de la palabra, se vuelve muy cuidadosa de su conversación. Él sólo tiene que ver la reacción de sus palabras para saber que "no devuelven void." A través de su palabra, hombre continuamente está haciendo leyes para sí mismo.

Yo sabía que un hombre que dijo: "siempre echo de menos un coche. Invariablemente saca igual llego."

Su hija dijo: «siempre pillo un coche. Es seguro venir igual llego". Esto ocurrió durante años. Cada uno había hecho una ley separada por sí mismo, uno de fracaso, de éxito. Se trata de la psicología de supersticiones.

La herradura o la pata de conejo contiene ningún poder, pero la palabra del hombre y creencia que le traiga buena suerte crea expectativa en la mente subconsciente y atrae a una «situación suerte.» Sin embargo, encontrar esta voluntad no "trabajo" cuando el hombre ha avanzado espiritualmente y conoce una ley superior. Uno no puede dar marcha atrás y debe guardar "imágenes graven". Por ejemplo: dos hombres en mi clase habían tenido gran éxito en el negocio por varios meses, cuando de repente todo "fue a romper." Hemos tratado de analizar la situación y encontré, en lugar de hacer sus afirmaciones y busca a Dios de éxito y prosperidad, habían cada uno compró un mono"suerte". Dije: "Oh que veo, has estado confiando en los suerte monos en lugar de Dios." "Dejar a un lado los monos suerte y la ley del perdón, la palabra" para el hombre tiene poder para perdonar o neutralizar sus errores.

Decidieron tirar los suerte monos de un coalhole, y todo ha ido bien de nuevo. Esto no significa, sin embargo, que uno debe tirar cada ornamento "suerte" o herradura alrededor de la casa, pero él debe reconocer que el poder detrás de él es el uno y único poder, Dios y el objeto simplemente le da una sensación de esperanza.

Yo estaba con un amigo, un día, que estaba en profunda desesperación. Al cruzar la calle, recogió una herradura. Inmediatamente, ella se llenó de alegría y esperanza. Dijo que Dios le había enviado la herradura para mantener su valor.

De hecho, fue en ese momento, sobre la única cosa que podría haber registrado en su conciencia. Su esperanza se convirtió en fe, y en última instancia hizo una maravillosa demostración. Deseo hacer el punto claro que los hombres mencionados anteriormente fueron dependiendo de los monos, solos, si bien esta mujer reconoce el poder detrás de la herradura.

Sé, en mi propio caso, tardó mucho tiempo para salir de la creencia de que una determinada cosa trajo desilusión. Si la cosa sucedió, decepción seguida invariablemente. Encontré lo único podía hacer un cambio en el subconsciente, fue afirmando, "hay no dos poderes, hay un único poder, Dios, por lo tanto, no hay decepciones, y esta cosa significa una sorpresa feliz". Noté un cambio a la vez, y felices sorpresas comenzaron llegando a mi manera.

Tengo un amigo que dijo que nada podría inducir a caminar bajo una escalera. Dije, "Si tienes miedo, está dando a la creencia en dos poderes, bien y mal, en vez de uno. Como Dios es absoluto, no puede haber ningún poder de la oposición, a menos que el hombre hace el falso del mal por sí mismo. Para demostrar que crees en solamente una energía, Dios, y que no hay poder ni realidad en el mal, caminar bajo la escalera siguiente que ves." Pronto después de, ella fue a su banco. Ella quería abrir su caja en la cámara acorazada del depósito de seguridad, y allí estaba una escalera en su camino. Era imposible llegar a la caja sin pasar bajo la escalera. Se desalentó con miedo y volvió. Ella no podría enfrentar al león en su camino. Sin embargo, cuando llegó a la calle, mis palabras sonaron en sus oídos y ella decidió volver y caminar debajo de él.

Fue un gran momento en su vida, para escaleras le mantuvo en cautiverio durante años. Ella retraced sus pasos a la bóveda, y la escalera ya no estaba allí! Este tan a menudo sucede! Si uno está dispuesto a hacer una cosa que teme hacerlo, él no debe.

Es la ley de la no resistencia, que es tan poco comprendido.

Alguien ha dicho que valor contiene genio y magia. Frente a una situación sin miedo, y no hay ninguna situación que enfrentar; se cae por su propio peso.

La explicación es, que miedo la escalera camino de la mujer, y arrojo la quitó.

Así las fuerzas invisibles están trabajando siempre para el hombre que siempre está ' tirando de las cuerdas ", aunque él no lo sabe. Debido a la energía vibratoria de las palabras, las voces de cualquier hombre, él comienza a atraer. Personas que continuamente hablan de enfermedad, invariablemente lo atraen.

Después de hombre conoce la verdad, no puede ser demasiado cuidadoso con sus palabras. Por ejemplo: tengo un amigo que dice a menudo en el ' teléfono, "vienen a verme y conversar bien pasado de moda". Este "chat antiguo" significa una hora de unos 500 a 1 mil palabras destructivas, los principales temas que falta, falta, pérdida y enfermedad.

Respondo: "No, gracias, he tenido bastantes charlas anticuados en mi vida, son demasiado caros, pero se espera tener un chat nuevo, y hablar sobre lo que queremos, no lo que no queremos." Hay un viejo dicho que hombre sólo atreve a usar sus palabras para tres propósitos, para "curar, bendecir o prosperar. Lo que hombre dice de otros se dijo de él, y lo que desea el otro, es desear para sí mismo.

"Vienen de maldiciones, como pollos, casa al gallinero."

Si un hombre desea a una persona "mala suerte", es seguro atraer mala suerte a sí mismo. Si desea ayudar a alguien con éxito, es desear y ayudando a sí mismo al éxito.

El cuerpo puede ser renovado y transformado a través de la palabra hablada y visión clara, y la enfermedad ser completamente borrados de la conciencia. El metafísico sabe que toda enfermedad tiene una correspondencia mental, y para sanar el cuerpo uno debe primero "curar el alma."

El alma es la mente subconsciente, y debe "guardar" del pensamiento equivocado.

En el vigésimo tercer Salmo, leemos: "confortará mi alma." Esto significa que la mente subconsciente o alma, debe ser restituido con las ideas de derecha, y la "unión mística" es el matrimonio entre el alma y el espíritu o la mente súper consciente y subconsciente. Deben ser uno. Cuando el subconsciente se inunda con las ideas perfectas del superconsciente, Dios y el hombre son uno. "Yo y el Padre somos uno". Es decir, él es uno con el Reino de las ideas perfectas; él es el hombre en la semejanza de Dios y la imagen (imaginación) y se le da poder y dominio sobre las cosas todas creadas, su mente, cuerpo y asuntos.

Es seguro decir que toda enfermedad y la infelicidad provienen de la violación de la ley del amor. Un nuevo mandamiento os doy, "amor uno otro," y en el juego de la vida, el amor o la buena voluntad toma cada truco.

Por ejemplo: una mujer que conozco, tuvo, durante años la apariencia de una enfermedad terrible de la piel. Los doctores le dijeron que era incurable, y estaba desesperado. Estaba en el escenario, y temía que pronto tendría que abandonar su profesión, y tenía no hay otros medios de apoyo. Ella, no obstante, procuró un buen compromiso y en la noche de apertura, un gran "golpe". Recibió avisos de los críticos de la adulación y era alegre y eufórico. Al día siguiente recibió una notificación de despido. Un hombre en el reparto había sido celoso de su éxito y había causado a ser enviado lejos. Sentía odio y resentimiento tomar completa posesión de ella, y ella gritó: "Oh Dios no que me gusta a que el hombre. Esa noche ella trabajó por horas "en el silencio."

Ella dijo: "he venido pronto en un silencio muy profundo. Parecía estar en paz conmigo mismo, con el hombre y con todo el mundo. Esto continuo por dos noches, y al tercer día me encontré con que estaba curada completamente de la enfermedad de la piel. En pedir el amor, o buena voluntad, ella había cumplido la ley ("para el amor es el cumplimiento de la ley") y la enfermedad (que vino de resentimiento subconsciente) fue aniquilada.

Crítica continua produce reumatismo, como pensamiento crítico, inarmónico causa depósitos antinaturales en la sangre, que colocan en las juntas.

Falsos tumores son causados por los celos, odio, rencor, miedo, etc.. Cada enfermedad es causada por una mente no en la facilidad. Dijo una vez, en mi clase, "hay no uso alguien preguntando '¿Qué es la materia con usted?' así diríamos, ' que es la materia con usted?'" Falta de perdón es la causa más prolífica de la enfermedad. Se endurecen las arterias o del hígado y afectan la vista. En su tren son males sin fin.

Llamé a una mujer, un día, que dijo que estaba enferma de haber comido una ostra envenenada. Me respondió, "Oh, no, la ostra era inofensiva, envenenó la ostra. ¿Qué es la materia con usted? Ella respondió, "Oh sobre diecinueve personas". Ella había peleado con diecinueve personas y se había convertido en tan inarmónico que ella atrajo la ostra mal.

Cualquier armonía en el exterior, indica armonía mental. "Como el dentro, así que los sin."

Únicos enemigos del hombre son en sí mismo. "Y enemigos del hombre serán los de su propia casa. Personalidad es uno de los últimos enemigos que superar, como este planeta es tomar su iniciación en el amor. Fue el mensaje de Cristo: "Paz en la tierra, buena voluntad hacia el hombre". El hombre ilustrado, por lo tanto, se esfuerza en perfecto a sí mismo a su vecino. Su trabajo es consigo mismo, para enviar las bendiciones y la buena voluntad a todos los hombres, y lo maravilloso es, que si uno bendice a un hombre no tiene poder para hacerle daño.

Por ejemplo: un hombre vino a mí preguntando a "tratar" de éxito en los negocios. Vendía maquinaria, y un rival apareció en la escena con lo que él proclamó, era una máquina mejor y mi amigo temía derrota. Dije, "en primer lugar, debemos acabar con todo el miedo y saber que Dios protege a sus intereses, y que la idea divina debe salir de la situación. Es decir, la máquina adecuada se venderán, por el hombre adecuado, al hombre justo." Y añadí, "no mantener una crítica pensamiento hacia ese hombre. Lo bendiga durante todo el día y estar dispuestos no a vender tu máquina, si no es la idea divina. Así que fui a la reunión, sin miedo y nonresistant y el otro hombre la bendición. Dijo que el resultado fue muy notable. La máquina el otro hombre se negaron a trabajar, y vendió su sin la más mínima dificultad. "Pero yo os digo: Amad a vuestros enemigos, los que os maldicen bendecid a, haced bien a los que os aborrece y orad por los que le rencor y os persiguen."

Buena voluntad produce un gran aura de protección sobre la persona que lo envía, y "no hay arma que es formado contra él prosperará. "En otras palabras, amor y buena voluntad destruyen a los enemigos dentro de sí mismo, por lo tanto, uno no tiene enemigos en el exterior!

"Hay paz en la tierra lo que manda la buena voluntad para el hombre!"

LA LEY DE LA NO RESISTENCIA

"Resisten no mal. No seas vencido del mal,
sino vence el mal con el bien. "

Nada en el mundo puede resistir a una persona absolutamente nonresistant.

Los chinos dicen que el agua es el elemento más poderoso, porque es perfectamente nonresistant. Puede desgastar una roca y barrer antes de él.

Jesús Cristo dijo, "Resisten no mal," porque sabía en realidad, no hay ningún mal, por lo tanto, para resistir. Mal ha venido de "vana imaginación" del hombre, o una creencia en dos poderes, el bien y el malas.

Hay una vieja leyenda, que Adán y Eva comieron del "Maya el árbol de la ilusión" y vio dos potencias en lugar de una potencia, Dios.

Por lo tanto, el mal es un falso hombre de ley ha hecho para sí mismo, a través de psychoma o alma sueño. Sueño del alma, alma de ese hombre ha sido hipnotizado por la creencia de la raza (de pecado, enfermedad y muerte, etc.) que es pensamiento carnal o mortal, y sus asuntos hacia fuera-han mostrado sus ilusiones.

Hemos leído en un capítulo anterior, que el alma del hombre es su mente subconsciente, y lo que se siente profundamente, bueno o malo, es outpictured por aquel siervo fiel. Su cuerpo y asuntos manifestar lo que él ha sido representar. El hombre enfermo ha representado mal el pobre, pobreza, rico, riqueza.

A menudo dicen, "¿por qué un niño pequeño atrae enfermedad, cuando se es demasiado joven aun para saber lo que significa?"

Respondo que los niños son sensibles y receptivos a los pensamientos de los demás sobre ellos y a menudo outpicture los temores de sus padres.

Oí que un metafísico una vez dijo, "Si no ejecuta su mente subconsciente usted mismo, alguien más será ejecutarlo para usted."

Madres a menudo, inconscientemente, atraen enfermedad y desastre a sus hijos, continuamente sosteniendo en pensamientos de miedo, y viendo los síntomas.

Por ejemplo: un amigo le preguntó a una mujer si su niña había tenido el sarampión. Ella respondió inmediatamente, "todavía no". Esto implicaba que estaba esperando la enfermedad y, por lo tanto, preparar el camino para lo que ella no quería para ella y para niño.

Sin embargo, el hombre que es centrado y fundado en derecho de pensar, el hombre que envía sólo de buena voluntad a sus semejantes, y que es sin miedo, no puede ser *tocado o influenciado por los pensamientos negativos de los demás*. De hecho, él entonces podría recibir sólo buenos pensamientos, como él mismo, envíe sólo buenos pensamientos.

Resistencia es el infierno, para que pone al hombre en un "estado de tormento".

Un metafísico una vez me dio una receta maravillosa para que todos los trucos en el juego de la vida, es el súmmum de la no resistencia. Dio de esta manera; "En un momento de mi vida, he bautizado a niños y por supuesto, tenían muchos nombres. Ahora ya no bautizan a niños, pero yo bautizo eventos, pero *que dan a cada evento del mismo nombre*. Si tengo un fracaso yo bautizo éxito, en nombre del padre y del hijo y del Espíritu Santo!

En este sentido, vemos la gran ley de la transmutación, fundada en la no resistencia. A través de su palabra, cada fracaso fue transmutada en éxito.

Por ejemplo: una mujer que requiere dinero, y que conocía la ley espiritual de la opulencia, continuamente fue lanzado de manera comercial, con un hombre que la hacía sentirse muy pobre. Habló carencia y limitación y ella comenzaron a coger sus pensamientos de pobreza, por lo que no le gusta y lo culpa de su fracaso. Ella sabía para demostrar su fuente, primero ella debe sentir que ella había recibido, *un sentimiento de opulencia debe preceder su manifestación.*

Amaneció sobre ella, un día, que era resistir la situación y ver dos potencias en lugar de uno. Así que bendijo al hombre y había bautizado a la situación de "Éxito"! Ella afirmó, "Ya que hay un único poder, Dios, este hombre está aquí para mi bien y mi prosperidad" (sólo lo que él parecía no estar allí para). Poco después de conoció *a través de este hombre*, una mujer que le dio para un servicio dado, varios miles de dólares y el hombre se trasladó a una ciudad distante y se descoloró armonioso de su vida. Hacer la declaración, "cada hombre es un oro eslabón en la cadena de mi bien," para todos los hombres son de Dios en manifestación, *en espera de la oportunidad dada por el hombre, a sí mismo, para servir al plan divino de su vida.*

"Bendice a tu enemigo, y robarle de su munición. Sus flechas se transmuta en bendiciones.

Esta ley es verdadera de las Naciones como de individuos. Bendecir a una nación, enviar amor y buena voluntad a todos los habitantes, y es robado de su poder para hacer daño.

Hombre sólo puede conseguir la idea correcta de la no resistencia, a través de la comprensión espiritual. Mis estudiantes han dicho a menudo: "No quiero ser un felpudo". Contesto "cuando se utiliza resistencia pasiva con sabiduría, nadie jamás será capaz de caminar sobre ti."

Otro ejemplo: un día yo estaba con impaciencia una llamada telefónica importante. Resistí todas las llamadas que vino en y hecho que no hacia fuera-va llama me, razonamiento que pudiera interferir con la que estaba esperando.

En vez de decir "ideas divinas nunca en conflicto, la llamada llegará en el momento oportuno," dejando a la inteligencia infinita para arreglar, comenzó a administrar las cosas yo mismo, hice la batalla de la mina, no Dios y seguía siendo tenso y ansioso. La campana suena para aproximadamente una hora, y miré en el ' teléfono y encontró el receptor había sido que el largo de tiempo y el ' teléfono fue desconectado. Mi ansiedad, el miedo y la creencia en la interferencia, había traído en un eclipse total del teléfono. Darse cuenta de lo que había hecho, comencé a bendecir la situación a la vez; La bautizó "el éxito" y afirmó, "no puedo perder ninguna llamada que me pertenece por derecho divino; Estoy bajo la gracia y no bajo la ley".

Un amigo se apresuró hacia fuera al teléfono más cercano, para notificar a la empresa para volver a conectar.

Ella entró en un supermercado lleno de gente, pero el propietario dejó a sus clientes y asistió a la llamada a sí mismo. Mi ' teléfono estaba conectado a la vez y dos minutos más tarde, recibí una llamada muy importante, y aproximadamente una hora después, el había estado esperando.

Los buques vienen en sobre un mar en calma.

Siempre y cuando el hombre resiste una situación, tendrá con él. Si huye de él, se ejecutará después de él.

Por ejemplo: repetí esto a una mujer un día, y ella respondió: "cierto que es! Era infeliz en su casa, no le gustaba a mi madre, que era fundamental y dominante; así que huyó y fue casado, pero me casé con mi madre, mi esposo era exactamente como mi madre, y tuve la misma situación que enfrentar otra vez. " "De acuerdo con tu adversario rápidamente."

Que significa, estoy de acuerdo en que la situación adversa es buena, ser imperturbado por él y cae lejos de su propio peso. "Ninguna de estas cosas mueven," es una afirmación maravillosa.

La situación inarmónico proviene de cierta armonía dentro del hombre mismo.

Cuando hay en él, no hay respuesta emocional a una situación de inarmónico, se descolora lejos para siempre, de su camino.

Por lo que ver trabajo del hombre es siempre consigo mismo.

Personas me han dicho, "Dar tratamientos para cambiar mi marido o mi hermano." Contesto "No, voy a dar *tratamientos para cambiar* cuando cambies, tu esposo y tu hermano va a cambiar."

Uno de mis estudiantes estaba en el hábito de la mentira. Le dije era un método falla si ella mintió, ella le mintió a. Ella respondió: "no me importa, posiblemente no puedo conseguir a lo largo sin mentirles.

Un día estaba hablando en el ' teléfono a un hombre con quien ella estaba muy enamorada. Volvió hacia mí y dijo, "no confiemos, sé que él está mintiendo a mí". Le respondí, "bueno, mientes a ti mismo, así que alguien tiene que mentir a usted, y usted estará seguro será a la persona que desea la verdad de. Algún tiempo después de que la vi, y ella dijo: "Estoy curado de la mentira".

Preguntó: "¿qué curar?"

Ella respondió: "Yo he estado viviendo con una mujer que mintió peor de lo que hice"!

A menudo uno se cura de sus faltas por verlos en otros.

La vida es un espejo, y nos encontramos sólo se refleja en nuestros asociados.

Vive en el pasado es un método de error y una violación de la ley espiritual.

Jesucristo dijo, "he aquí, ahora es el momento aceptado." "Ahora es el día de salvación".

La esposa de Lot miró hacia atrás y se convirtió en un pilar de sal.

Los ladrones de tiempo son el pasado y el futuro. Hombre debe bendecir el pasado y olvidar, si lo mantiene en servidumbre y bendecir el futuro, sabiendo tiene en el almacén para él alegrías interminables, pero viven *totalmente en el ahora*.

Por ejemplo: una mujer vino a mí, quejándose de que ella tenía no hay dinero comprar regalos de Navidad. Ella dijo, "el año pasado fue muy diferente; Tenía un montón de dinero y dio regalos encantadores, y este año tengo apenas un centavo.

Le respondí, "usted nunca demostrar dinero mientras estás patética y vivir en el pasado. Vivir plenamente en el *ahora* y *Prepárate dar regalos de Navidad*. Cavar sus fosas y el dinero vendrá. Ella exclamó, "yo sé qué hacer! Voy a comprar algunos cordeles oropel, sellos de Navidad y papel de regalo." Le respondí, "hacer eso y los *regalos vendrán y se pegan ellos mismos a los sellos de Navidad*."

Esto también estaba mostrando audacia financiera y fe en Dios, como el razonamiento de la mente dijo: "Mantener cada centavo que usted tiene, como no está seguro que usted conseguirá más".

Ella compró los sellos, papel y cordeles y unos días antes de Navidad, recibieron un regalo de varios cientos de dólares. Comprar los sellos y la guita había impresionado el subconsciente con esperanza y abrió el camino para la manifestación del dinero. Ella compró todos los regalos en un montón de tiempo.

Hombre debe vivir suspendido en el momento.

¡ Mira bien, por lo tanto, a este día! Tal es el saludo de la Aurora".

Debe estar espiritualmente alerta, siempre en espera de sus conductores, aprovechando cada oportunidad.

Un día, dije continuamente (silencio), "Espíritu Infinito, no dejes que me pierda un truco," y algo muy importante me dijeron a mí esa noche. Es más necesario comenzar el día con palabras adecuadas.

Hacer una afirmación inmediatamente al despertar.

Por ejemplo:

"*Tu se hará este día! Hoy es un día de* terminación de *; Te doy las gracias por este perfecto día, milagro seguirá milagro y maravillas nunca cesarán*."

Hacerlo un hábito y se verá maravillas y milagros en su vida.

Una mañana cogí un libro y leer, ¡ mira con asombro en lo que está delante de ti! Parecía ser mi mensaje para el día, por lo que repetí una y otra vez, "Mirar con asombro lo que está delante de ti."

En alrededor del mediodía, una gran suma de dinero, se me dio, que había que deseen con fines determinados.

En un siguiente capítulo, doy afirmaciones que he encontrado más eficaz. Sin embargo, uno no debe utilizar nunca una afirmación si no es absolutamente satisfactorio y convincente a su propia conciencia, y a menudo una afirmativa se cambia para adaptarse a diferentes personas.

Por ejemplo: lo siguiente ha traído éxito a muchos:

¡ Tengo un trabajo maravilloso, de una manera maravillosa, doy servicio maravilloso, maravillosa paga!

Dio las dos primeras líneas a uno de mis estudiantes, y añadió los dos últimos.

Hizo *una declaración más fuerte*, como debe ser siempre perfecto pago para un servicio perfecto, y una rima se hunde fácilmente en el subconsciente. Ella iba cantando en voz alta y pronto recibieron maravilloso trabajo de una manera maravillosa y servicio maravilloso maravilloso salario.

Otro estudiante, un hombre de negocios, tomó y cambió la palabra trabajo para negocio.

Repitió, "tengo un negocio maravilloso, en una manera maravillosa y doy servicio maravilloso maravilloso salario. Esa tarde hizo un cuarenta y uno-mil oferta de dólares, aunque no había habido actividad en sus asuntos durante meses.

Cada afirmación debe ser redactada cuidadosamente y completamente "cubren el suelo".

Por ejemplo: sabía que una mujer, que fue en gran necesidad y una demanda de trabajo. Ella recibió una gran cantidad de trabajo, pero nunca pagaron nada. Conoce ahora a agregar, "servicio maravilloso maravilloso salario."

Es derecho divino del hombre tiene un montón! Más que suficiente!

¡ Sus graneros deben ser completos, y debe volcarse su taza! Esta es la idea de Dios para el hombre, y cuando el hombre rompe las barreras de la falta en su propia conciencia, la edad de oro será su y cada deseo justo de su corazón cumplido!

LA LEY DEL KARMA

y

LA LEY DEL PERDÓN

Hombre recibe sólo lo que él da. El juego de la vida es un juego de boomerangs. De hombre pensamientos, hechos y palabras, volver a él tarde o temprano, con una precisión asombrosa.

Esta es la ley del Karma, que es Sanskrit para el "Regreso". "Lo que un hombre sembrare, eso también segará."

Por ejemplo: un amigo me contó esta historia de sí misma, ilustrando la ley. Ella dijo, "hago mi Karma en mi tía, lo que me dicen a ella, alguien me dice. A menudo estoy irritable en casa y un día, dijo a mi tía, que estaba hablando a mí durante la cena. *'No más hablar, deseo comer en paz.'*"

"Al día siguiente, fui almorzar con una mujer con quien quería hacer una gran impresión. Hablaba animadamente, cuando dijo: *'No más hablar, deseo comer en paz!'*"

Mi amigo es alto en la conciencia, por lo que su Karma devuelve mucho más rápidamente que a uno en el plano mental.

El hombre sabe, él es responsable, y una persona con un conocimiento de la ley espiritual, que él no practica, sufre mucho, en consecuencia. "El temor del Señor (la ley) es el principio de la sabiduría". Si leemos la palabra Señor, ley, hará que muchos pasajes en la Biblia mucho más clara.

"Mía es la venganza, yo pagaré, dice el Señor" (la ley). Es la ley que toma venganza, no de Dios. Dios ve hombre perfecto, "creado a su imagen" (imaginación) y "el poder y dominio."

Esta es la idea perfecta del hombre, inscrito en la mente divina, en espera de reconocimiento del hombre; para el hombre puede ser sólo lo que se ve y solo lograr lo que él se ve alcanzar.

"Nunca pasa nada sin un looker en" es un dicho antiguo.

Hombre primero ve su fracaso o éxito, su alegría o tristeza, antes de cambios en la visibilidad de las escenas en su propia imaginación. Hemos observado esto en la madre pensando en la enfermedad de su hijo, o una mujer viendo el éxito de su marido.

Jesús Cristo dijo: "y conoceréis la verdad y la verdad os hará libres.

Así, vemos la libertad (de todas las condiciones infelices) viene a través del conocimiento, un conocimiento de la ley espiritual.

Obediencia precede la autoridad y la ley obedece a hombre cuando obedece la ley. Respetar la ley de electricidad antes de que se convierte en siervo del hombre. Cuando se maneja ignorante, se convierte en enemigo mortal del hombre. *Con las leyes de la mente!*

Por ejemplo: una mujer con un personal fuerte voluntad, deseaba ella propiedad de una casa que perteneció a un conocido, y a menudo hizo mentales fotos vivo en la casa. En el curso de tiempo, el hombre murió y ella se mudó a la casa. Varios años después, en el conocimiento de la ley espiritual, ella me dijo: "¿crees que tenía algo que ver con la muerte de ese hombre?" Le respondí: "sí, su deseo era tan fuerte, todo lo hizo camino para él, pero que pagó su deuda kármica. Su esposo, quien amaba devotamente, murió poco después, y la casa era un elefante blanco en sus manos durante años.

El dueño original, sin embargo, podría no han sido afectado por sus pensamientos había sido positivo en la verdad, ni su marido, sino estaban bajo la ley kármica. La mujer debería haber dicho (sintiendo el gran deseo de la casa), "inteligencia infinita, me dan la casa derecha, igualmente tan encantador como este, la casa *que es mía por derecho divino.*"

La selección divina habría dado satisfacción perfecto y bueno que todos. El patrón divino es el patrón sólo seguro para trabajar.

Deseo es una fuerza tremenda y debe orientarse en los canales adecuados, o caos sobreviene.

En la demostración, el paso más importante es el *primer paso*, a "*pedir bien.*"

Hombre siempre debe exigir sólo lo que es suyo por *derecho divino*.

Para volver a la ilustración: la mujer tomó esta actitud: "Si esta cámara, deseo, es mío, no puedo perderlo, si no es, me da su equivalente," el hombre podría han decidido mover armoniosamente, (había sido la selección divina para ella) u otra casa hubiera sido sustituido. Nada obligado a manifestarse a través de la voluntad personal, es siempre "salió mal" y "siempre mal éxito."

Hombre es amonestado, "mi se hará no tuyo" y lo curioso del asunto es, el hombre siempre obtiene sólo lo que él desea cuando él renunciar a la voluntad personal, permitiendo inteligencia infinita trabajar a través de él.

«Stand ye aún y verán la salvación del Señor» (la ley).

Por ejemplo: una mujer vino a mí en gran angustia. Su hija había decidido a hacer un viaje muy peligroso, y la madre se llenó de miedo.

Ella dijo que ella había utilizado todos los argumentos, ha señalado los peligros encontrados, y prohibido para ir, pero la hija se convirtió cada vez más rebelde y decidida. Le dije a la madre, "está obligando a su voluntad personal a su hija, que no tiene derecho a hacer y el miedo del viaje es sólo atracción, para el hombre atrae lo que teme." Agregué, "dejar ir y sacar tus manos mentales; *poner en las manos de Dios y use este comando:*"" pongo esta situación en manos de infinito amor y sabiduría; Si este viaje es el plan divino, lo bendiga y no resistir, pero si no es planeado divinamente, te doy las gracias que ahora está disuelto y disipada". Un día o dos después de su hija le dijeron: "Madre, he dado para el viaje", y la situación volvió a su "nada nativo".

Es aprender a "quieto," que parece tan difícil para el hombre. Voy a ocuparme más de esta ley en el capítulo de resistencia pasiva.

Daré otro ejemplo de la siembra y cosecha, que vino de la manera más curiosa.

Una mujer vino a mí diciendo, ella había recibido un billete falso de veinte dólares, le dio en el Banco. Estaba muy perturbado, porque, dijo, "la gente en el Banco nunca reconocerá su error."

Le respondí, "debemos analizar la situación y averiguar por qué atrajo. Ella pensó unos instantes y exclamó: "lo sé, me envió un amigo un montón de stagemoney, sólo para una broma. Por lo que la ley le había enviado algunos stagemoney, para el que no sabe nada de bromas.

Dije, "ahora llamará sobre el derecho del perdón y neutralizar la situación."

Cristianismo se fundamenta en la ley del perdón, Cristo nos redimió de la maldición de la ley kármica, y el Cristo dentro de cada hombre es su Redentor y la salvación de todas las condiciones inarmónico.

Así que me dije: "Espíritu Infinito, un llamamiento a la ley de perdón y dar gracias que ella está bajo la gracia y no bajo la ley y no puede perder este veinte dólares que es suyo por derecho divino."

"Ahora," dijo, "volver al Banco y les digo, sin miedo, que se le dio, allí por error.

Ella obedeció, y para su sorpresa, se disculpó y le dio su otro proyecto de ley, tratarla con más cortesía.

Para que conocimiento de la ley le da poder del hombre para "borrar sus errores." Hombre no puede obligar a lo externo que lo que no es.

Si desea riquezas, él debe ser rico primero en la conciencia.

Por ejemplo: una mujer vino a mí preguntando tratamiento para la prosperidad. Ella no tuvo mucho interés en sus asuntos domésticos, y su casa estaba en gran desorden.

Le dije a ella, "Si usted desea ser rico, debe ser ordenado. Todos los hombres con gran riqueza son ordenados — y orden es la primera ley del cielo. " Agregué, "Usted nunca llegará a ser rico con un fósforo quemado en el alfiletero."

Ella tenía un buen sentido del humor y comenzó de inmediato, poner su casa en orden. Ella cambiar muebles, enderezado de cajones de la mesa, limpiar alfombras y pronto hizo una gran manifestación financiera — un regalo de un pariente. La mujer, ella misma, se convirtió de hecho y mantiene la misma afinado a financieramente, por estar siempre atenta de la *prosperidad externa y esperando, sabiendo que Dios es su fuente de.*

Muchas personas están en la ignorancia del hecho de que los regalos y las cosas son inversiones, y que acaparador y ahorro invariablemente conducen a la pérdida.

"Hay que esparce y todavía aumentará la doctrina; y hay que withholdeth más de lo que es, pero es a la pobreza."

Por ejemplo: sabía que un hombre que quería comprar un abrigo forrado de piel. Él y su esposa fueron a varias tiendas, pero no había ninguno quería. Él dijo que eran todos demasiado barato-mirar. Por fin, le mostraron uno, el vendedor dice valorado en 1 mil dólares, pero que el administrador lo vendería por quinientos dólares, ya era tarde en la temporada.

Sus posesiones financieras ascendieron a unos setecientos dólares. La mente del razonamiento habría dicho, "No puede permitirse gastar casi todo lo que tienes en una capa", pero era muy intuitivo y no razonada.

Se volvió a su esposa y dijo, "Si consigo esta capa, voy a hacer un montón de dinero!" Así que su esposa consintió, débil.

Un mes más tarde, recibió una Comisión de 10 mil dólares. La capa le hizo sentir tan rico, que se le vincula con el éxito y la prosperidad; sin el abrigo, él no habría recibido la Comisión. Fue una inversión que paga grandes dividendos!

Si el hombre ignora esta guía para pasar o para dar, la misma cantidad de dinero irá de forma indiferente o infeliz.

Por ejemplo: una mujerme dijo, el día de acción de gracias, informó su familia que no podía permitirse una cena de acción de gracias. Ella tenía el dinero, pero decidió guardar.

Pocos días después, alguien entró en su habitación y tomó del cajón del Buró la cantidad exacta que habría costado la cena.

La ley está parado siempre detrás del hombre que pasa sin temor, con sabiduría.

Por ejemplo: uno de mis estudiantes estaba de compras con su sobrino pequeño. El niño clamaba por un juguete, que ella le dijo que no podía comprar.

Ella se dio cuenta de pronto que estaba buscando la falta y no reconociendo a Dios como su fuente!

Así que ella compró el juguete y en su manera casera, *escogidos, en la calle, la cantidad exacta de dinero que había pagado por él.*

Alimentación del hombre es infalible e inagotable cuando de plena confianza, pero fe o confianza debe preceder a la manifestación. "Según tu fe sea a vosotros". "La fe es la sustancia de las cosas que esperaba, no ver la evidencia de las cosas —" fe sostiene la visión constante, y los cuadros adversos son disueltos y disipados, y "oportunamente temporada vamos cosechamos, si no desmayamos."

Jesús Cristo trajo la buena noticia (el Evangelio) que había una ley superior que la ley del Karma, y que esa ley trasciende la ley del Karma. Es la ley de la gracia o perdón. Es la ley que *libera a hombre de la ley de causa y efecto, la ley de consecuencia. "Bajo la gracia y no bajo la ley.*"

Se nos dice que en este plano, el hombre siega donde no ha sembrado; los dones de Dios son simplemente derramados sobre él. "Todo lo que ofrece el Reino es suyo". Esto continuó estado de felicidad espera al hombre que ha superado la carrera (o mundo) pensamiento.

En el pensamiento mundial hay tribulación, pero Jesucristo dijo: "estar de buen ánimo; Yo he vencido al mundo".

El mundo pensado es el de pecado, enfermedad y muerte. Él vio su irrealidad absoluta y dicha enfermedad y dolor pasarán y la muerte misma, el último enemigo, superarse.

Sabemos ahora, desde un punto de vista científico, que la muerte podría superarse estampando la mente subconsciente con la convicción de la eterna juventud y la vida eterna.

El subconsciente, simplemente poder sin dirección, *lleva a cabo órdenes sin cuestionar.*

Lograrse trabajando bajo la dirección del superconsciente (el Cristo o Dios dentro del hombre) la "resurrección del cuerpo".

Hombre no lanzaría su cuerpo en la muerte, se transformaría en el "cuerpo eléctrico," cantada por Walt Whitman, para el cristianismo se basa en el perdón de los pecados y "tumba vacía".

LA CARGA DEL BASTIDOR

Impresionar el subconsciente

Cuando el hombre conoce sus propios poderes y el funcionamiento de su mente, su gran deseo es encontrar una forma fácil y rápida para impresionar el subconsciente con el bien, para simplemente un conocimiento intelectual de la verdad no traerá resultados.

En mi caso, encontré la forma más fácil es en "echando la carga". Un metafísico una vez lo explicó de esta manera. Él dijo: "lo único que da algo de peso en la naturaleza, es la ley de la gravitación, y si una roca podría tomarse por encima del planeta, no habría ningún peso en eso boulder; y eso es lo que Jesucristo quiso decir cuando dijo: "mi yugo es suave y mi carga es liviana".

Había superado la vibración del mundo y funcionó en el cuarto reino dimensional, donde hay sólo perfección, realización, vida y alegría.

Él dijo: "Venid a mí todos los que están y pesados cargados y yo resto." "Toma mi yugo sobre vosotros, porque mi yugo es suave y mi carga es liviana".

También se nos dice en el Salmo 55 °, que "echa tu carga al Señor." Muchos pasajes en el estado de la Biblia que la *batalla es de Dios* no el hombre de y que el hombre es siempre "*quieto*" *y ver la salvación del Señor*.

Esto indica que la mente superconsciente (o Cristo dentro) es la que pelea la batalla del hombre y le libera de las cargas.

Por lo tanto, vemos que hombre viola el derecho si lleva una carga, una carga es un pensamiento adverso o condición, y este pensamiento o condición tiene su raíz en el subconsciente.

Parece casi imposible avanzar cualquier dirigir el subconsciente de la conciencia, o mente razonamiento, como la mente del razonamiento (el intelecto) está limitada en sus conceptos y lleno de dudas y temores.

Científica entonces es, echa la carga sobre la mente superconsciente (o Cristo dentro) donde se "hizo la luz", o disuelto en su "nada nativo".

Por ejemplo: una mujer en necesidad urgente de dinero, "luz" en el

Cristo dentro, el superconsciente, con la declaración, "echa sobre el Cristo (dentro) esta carga de falta e ir gratis a un montón!

La creencia en falta era su carga, y como ella roció el superconsciente con su creencia de abundancia, una avalancha de la fuente fue el resultado.

Leemos: "Cristo en vosotros la esperanza de gloria".

Otro ejemplo: uno de mis alumnos había dado un piano nuevo, y no había espacio en su estudio para ella hasta que ella había movido hacia fuera anterior. Ella estaba en un estado de perplejidad. Ella quería mantener al viejo piano, pero sabía de ningún lugar para enviarlo. Ella se convirtió en desesperado, como el piano nuevo debía ser enviado inmediatamente; de hecho, fue en su camino, sin lugar para ponerlo. Ella dijo vino a ella a repetir, "echa sobre el Cristo dentro de esta carga, y voy gratis.

Unos instantes más tarde, su ' sonó el teléfono, y un amigo de la mujer le preguntó si ella podría alquilar su viejo piano, y fue movido hacia fuera, unos minutos antes de la llegada de una nueva.

Yo sabía que una mujer, cuya carga era resentimiento. Ella dijo, "echa sobre el Cristo dentro de esta carga de resentimiento, y voy gratis, ser amoroso, armonioso y feliz. El Todopoderoso superconsciente, inunda el subconsciente con amor, y toda su vida cambió. Durante años, resentimiento había celebrado en un estado de tormento y encarcelado a su alma (la mente subconsciente).

La declaración debe hacerse más y más y más, a veces durante horas a la vez, en silencio o audiblemente, con tranquilidad pero determinación.

A menudo he comparado a liquidación una victrola. Nosotros debemos terminar nosotros mismos con palabras habladas.

Me he dado cuenta, en "echando la carga," después de un rato, uno parece ver con claridad. Es imposible tener una visión clara, mientras que en la agonía de la mente carnal. Dudas y miedo de envenenar la mente y el cuerpo e imaginación corre riot, atrayendo a desastre y enfermedad.

En constantemente repitiendo la afirmación, "Yo echo esta carga en el Cristo dentro e ir libres," borra la visión y con él una sensación de alivio, y tarde o temprano viene *la manifestación del bien, ya sea salud, felicidad o de la fuente*.

Uno de mis estudiantes una vez me pidió que explique "la oscuridad antes del amanecer". Me he referido en un capítulo anterior el hecho de que muchas veces, antes de la gran manifestación "todo parece ir mal", y profunda depresión nubla la conciencia. Esto significa que en el subconsciente están aumentando las dudas y los miedos de la edad. Estos viejos abandonados de la subida del subconsciente a la superficie, para ser puesto hacia fuera.

Es entonces, que el hombre debe aplaudir sus címbalos, como Josafat y dar gracias que salvó, a pesar de que parece estar rodeado por el enemigo (la situación de carencia o enfermedad). El estudiante continuó, "cuánto tiempo debe uno permanecer en la oscuridad" y le respondí, "hasta *se puede ver en la oscuridad*" y "*fundición de la carga le permite a uno ver en la oscuridad*."

Para impresionar el subconsciente, la fe activa es siempre esencial. "La fe sin obras es muerta". En estos capítulos me he esforzado para llevar a cabo este punto.

Jesucristo demostró fe activa cuando "Mandó a la multitud sentarse en el suelo", antes dio gracias por los panes y los peces.

Daré otro ejemplo que demuestra cuán necesario es este paso. De hecho, la fe activa es el puente, sobre que pasa de hombre a su tierra prometida.

A través de malentendidos, una mujer había sido separada de su marido, quien amaba profundamente. Él rechazó todas las ofertas de la reconciliación y no se comunicaría con ella de cualquier manera.

Entrar en el conocimiento de la ley espiritual, ella negó la aparición de la separación. Ella hizo esta declaración: "no hay ninguna separación en la mente divina, por lo tanto, yo no puedo separar del amor y el compañerismo que son míos por derecho divino.

Ella demostró fe activa arreglando un lugar para él en la mesa de cada día; tal modo impresionar el subconsciente con la imagen de su *retorno*. Más de un año pasado, pero ella nunca vaciló y *un día caminaba en*.

El subconsciente es a menudo impresionado por la música. La música tiene una calidad dimensional cuarto y libera el alma de la prisión. Hace cosas maravillosas *posible y fácil de realización!*

Tengo un amigo que usa su victrola, diariamente, para este propósito. Se pone en perfecta armonía y libera la imaginación. Otra mujer se baila a menudo al hacer sus afirmaciones. El ritmo y la armonía de la música y el movimiento llevan sus palabras a con un tremendo poder.

El estudiante debe recordar también, no a despreciar el "día de las pequeñas cosas".

Invariablemente, antes de una demostración, vienen "signos de tierra."

Antes de que Colón llegó a América, vio pájaros y ramas que le mostraron la tierra estaba cerca. Por lo que es con una demostración; pero a menudo el estudiante confunde con la demostración sí mismo y decepcionado.

Por ejemplo: una mujer había "hablado la palabra" para un conjunto de platos. Poco después un amigo le dio un plato que era viejo y agrietado.

Ella vino a mí y dijo: "bien, pedí un conjunto de platos y todo lo que tengo era una placa rota.

Le respondí, "la placa era sólo signos de tierra. Muestra tus platos vienen — mirará como aves y algas, "y poco después llegaron los platos.

Continuamente "hacer-creer," impresiona al subconsciente. Si uno hace creer es rico, y hace cree que es acertado, en "tiempo de vencimiento que segará."

Los niños son siempre "hacer creer", y "salvo ser convertidos y ser como niños pequeños, vosotros no entrará al Reino de los cielos."

Por ejemplo: sé de una mujer que era muy pobre, pero nadie podía hacer su *sentir pobres*. Obtuvo una pequeña cantidad de dinero de amigos ricos, que constantemente le recordaba de su pobreza y a ser cuidado y ahorro. Independientemente de sus advertencias, ella gastan todos sus ingresos en un sombrero, o hacer un regalo a alguien y estar en un estado entusiasta de la mente. Sus pensamientos se centraban siempre en ropa bonita y "anillos y cosas," pero sin envidiar a otros.

Vivió en el mundo de lo maravilloso y sólo riquezas parecía reales a ella. En poco tiempo se casó con un hombre rico, y los anillos y cosas llegó a ser visibles. No sé si el hombre era la "selección divina", pero opulencia tuvo que manifestar en su vida, como ella había reflejada sólo opulencia.

Hay paz ni felicidad para el hombre, hasta que él ha borrado todo el miedo del subconsciente.

Miedo es energía mal dirigida y debe ser redirigido o transmutado en fe.

Jesucristo dijo: "¿por qué sois temerosos, oh hombres de poca fe?" "Todo es posible al que cree".

Me preguntan, a menudo por mis estudiantes, "*¿Cómo puedo deshacerme del miedo?*"

Contesto "*por subir a lo que tienes miedo de.*"

"El León toma su fiereza de su miedo."

Caminar hasta el León, y él desaparece; huir y corre detrás de ti. He mostrado en los capítulos anteriores, como el León de falta desapareció cuando el individuo gastado dinero sin miedo, con fe que Dios era su fuente y por lo tanto, infalible.

Muchos de mis estudiantes han salido de la esclavitud de la pobreza y son ahora abastecidos, por perder todo el miedo de dejar dinero salir. El subconsciente está impresionado con la verdad que *Dios es el dador y el regalo;* por lo tanto como uno es con el dador, es uno con el regalo. Es una declaración magnífica, "Ahora agradezco a Dios el dador para el regalo de Dios."

Hombre ha tanto tiempo separado de su bien y su suministro, a través de pensamientos de separación y ausencia, que a veces, se necesitan dinamita para desalojar estas falsas ideas del subconsciente y la dinamita es una gran situación.

Vemos en la ilustración anterior, cómo el individuo fue liberado de su esclavitud mostrando *intrepidez.*

Hombre debe ver a sí mismo cada hora para detectar si su motivo para la acción es temor o fe.

"Elegir vosotros este día que nos vamos a servir," temor o fe.

Tal vez el miedo es de la personalidad. Luego no evitan la gente temida; estar dispuesto a reunirse con ellos con alegría, y se prueban "oro eslabones de la cadena de la buena", o desaparecer armoniosamente de la vía.

Tal vez de miedo es de los gérmenes o enfermedades. Entonces uno debe ser valiente y tranquilo en una situación cargada de gérmenes, y estaría inmune.

Uno sólo puede contraer gérmenes mientras vibrando a la misma velocidad que el germen, y temor arrastra a los hombres hasta el nivel del germen. Por supuesto, el germen de carga de enfermedad es el producto de la mente carnal, como todo pensamiento debe objetivar. Los gérmenes no existen en la mente divina o superconsciente, por lo tanto son producto de la "vana imaginación" del hombre.

"En un abrir y cerrar de ojos," liberación del hombre vendrá cuando se da cuenta que *no hay ningún poder en el mal*.

El mundo material se desvanecerá, y el cuarto mundo dimensional, el "mundo de la maravillosa," se moverá en manifestación.

"Y vi un cielo nuevo y una tierra nueva — y no habrá más muerte, ni tristeza ni llanto, ni allí será más dolor; porque las primeras cosas pasaron."

AMOR

Cada hombre en este planeta tiene su iniciación en el amor. "Un mandamiento nuevo os doy, que os améis unos a otros." Estados Ouspensky "Tertium Organum," "el amor es un fenómeno cósmico," y se abre al hombre el mundo dimensional cuarto, "El mundo del maravilloso".

El amor verdadero es desinteresado y libre de miedo. Derrama sí mismo sobre el objeto de su afecto, sin exigir ningún retorno. Su alegría es la alegría de dar. El amor es Dios en manifestación y la más fuerte fuerza magnética en el universo. Puro, desinteresado amor *atrae a sí mismo propio;* no necesita buscar o pedir. Apenas alguien tiene la más remota concepción de amor verdadero. El hombre es egoísta, tiránico o temerosos en sus afectos, perdiendo lo que ama. Los celos son el peor enemigo del amor, de la imaginación corre riot, viendo el atrajo a otro ser querido, e invariablemente estos temores objetivar si ellos no son neutralizados.

Por ejemplo: una mujer vino a mí en profunda angustia. El hombre que ella amaba había dejó por otra mujer y dijo que nunca pretendió casarse con ella. Fue rasgado con los celos y el resentimiento y dijo que esperaba que iba a sufrir como él había hecho su sufra; y agregó, "¿Cómo podría él me dejas cuando amaba tanto?"

Me respondió: "no se amar ese hombre, son odiarlo" y añadió: "*nunca recibes lo que te no ha dado nunca. Dar un amor perfecto y usted recibirá un amor perfecto.* Perfeccionarte en este hombre. Le dan un perfecto *altruista* amor, exigiendo nada a cambio, no criticar ni condenar y *lo bendiga donde quiera que esté*."

Ella respondió: "No, yo no lo bendiga si no sé dónde está!"

"Bueno," dije, "eso no es amor verdadero".

"Cuando *envían amor real*, amor verdadero volverá a usted, este hombre o su equivalente, para si este hombre no es la selección divina, no tienes que le. Como eres uno con Dios, eres uno con el amor que te pertenece por derecho divino".

Varios meses pasaron y asuntos seguía siendo la misma, pero trabajaba concienzudamente con ella misma. Dije, "Cuando ya no es perturbada por su crueldad, él dejará de ser cruel, como que está atrayendo a través de sus propias emociones."

Entonces le dije de una hermandad en la India, que nunca dijo: "Buenos días" uno al otro. Utilizan estas palabras: "*saludo a la divinidad en ti.*" Saludó a la divinidad en cada hombre y en los animales salvajes en la selva, y nunca fueron perjudicados, para *vio Dios en cada* viviente. Dijo: "saludo la divinidad en este hombre y diga: ' veo tu ser divino sólo. Verte como Dios te ve perfecto, hecho a su imagen y semejanza.'"

Encontró que se estaba volviendo más listo y poco a poco perdiendo su resentimiento. Él era un capitán y ella siempre lo llamó "La tapa".

Un día, dijo, de repente, "*Dios bendiga la tapa donde quiera que esté.*"

Le respondí: "Ahora, que es el amor verdadero, y cuando se han convertido en un 'círculo completo' y ya no son perturbados por la situación, dispondrá de su amor, o atraer a su equivalente."

Estaba moviendo en este momento y no tenía teléfono, estaba tan fuera de contacto con ella durante unas semanas, cuando una mañana recibí una carta diciendo: "Estamos casados".

En la primera oportunidad, le pagué una llamada. Mis primeras palabras fueron, "¿Qué pasó?"

"Oh," exclamó, "un milagro! Un día me desperté y había dejado de todo sufrimiento. Lo vi esa noche y me pidió que se casara con él. Nos casamos en una semana, y nunca he visto a un hombre más dedicado.

Hay un viejo dicho: "*ningún hombre es tu enemigo, ningún hombre es tu amigo, cada hombre es su maestro.*"

Así que uno debe ser impersonal y aprender lo que cada hombre tiene para que le enseñe, y pronto él aprender sus lecciones y ser libre.

Amante de la mujer estaba enseñando su amor desinteresado, que cada hombre, tarde o temprano, tiene que aprender.

El sufrimiento no es necesario para el desarrollo del hombre; es el resultado de la violación de la ley espiritual, pero pocas personas parecen ser capaces de despertar ellos mismos de su "sueño del alma" sin él. Cuando la gente está feliz, se convierten generalmente egoístas, y automáticamente se establece la ley del Karma en acción. El hombre sufre a menudo pérdida por falta de reconocimiento.

Conocí a una mujer que tenía un esposo muy lindo, pero a menudo, dijo "no me importa nada estar casado, pero eso no es nada contra mi esposo. Simplemente no estoy interesado en la vida conyugal." Ella tenía otros intereses y apenas recordó que tenía un marido. Sólo pensaba en él cuando lo vio. Un día su marido le dijo que estaba enamorado de otra mujer y a la izquierda. Ella vino a mí en señal de socorro y el resentimiento.

Le respondí, "es exactamente lo que habló la palabra. Dijiste que importaba nada estar casado, por lo que trabajó el subconsciente para que usted consiga soltero. "

Ella dijo, "Oh sí, veo. Personas tienen lo que quieren y entonces sientan mucho heridos."

Pronto se convirtió en perfecta armonía con la situación y sabía que fueron mucho más felices aparte.

Cuando una mujer se vuelve indiferente o crítica y deja de ser una inspiración para su esposo, él pierde el estímulo de su relación temprana y es inquieto e infeliz.

Un hombre vino a mí abatido, miserable y pobre. Su esposa estaba interesada en la "ciencia de los números" y había tenido lo lea. Parece que el informe no fue muy favorable, pues dijo, "mi esposa dice que nunca te ascienden a nada porque soy un dos".

Le respondí, "no importa lo que su número es, son una idea perfecta en la mente divina, y exigimos el éxito y la prosperidad que están *previstos ya* para usted por que la inteligencia infinita".

Dentro de unas semanas, tenía una posición muy fina y uno o dos años más tarde, consiguió un brillante éxito como escritor. Ningún hombre es un éxito en los negocios a menos que él ama su trabajo. La imagen que el artista pinta para el amor (su arte) es su obra más grande. Pot-boiler siempre es algo a vivir.

Ningún hombre puede atraer el dinero si él la desprecia. Muchas personas se mantienen en la pobreza por decir: "dinero no significa nada para mí, y tengo un desprecio para las personas que lo tienen".

Por esta razón que muchos artistas son pobres. Su desprecio por el dinero los separa de él.

Recuerdo oír a un artista decir de otro, "es bueno no como artista, tiene dinero en el Banco."

Esta actitud de la mente, por supuesto, separa al hombre de su suministro; él debe estar en armonía con una cosa para atraerlo. Dinero es Dios en manifestación, como libertad de desea y limitación, pero debe ser siempre mantenido en circulación y poner a derecho usos. Acumular y guardar reaccionan con venganza sombría.

Esto no significa que el hombre no debe tener casas y lotes, acciones y bonos, por "los graneros del hombre justo será completos". Es hombre no debe acumular a incluso el principal, si la ocasión se presenta, cuando el dinero es necesario. En dejarlo salir sin miedo y con alegría abre paso a más, para Dios es la fuente infalible e inagotable del hombre.

Esta es la actitud espiritual hacia el dinero y el gran banco de lo Universal nunca falla!

Vemos un ejemplo de valla publicitaria en la producción de la película de "Avaricia." La mujer ganó 5 mil dólares en una lotería, pero no la gastaría. Ella acumulado y salvo, que su marido sufren y mueren de hambre, y finalmente ella limpia pisos para ganarse la vida.

Que amaba el dinero sí mismo y pone por encima de todo, y una noche fue asesinada y el dinero de ella.

Este es un ejemplo de donde "el amor al dinero es la raíz de todo mal". Dinero en sí mismo, es bueno y beneficioso, pero usados con fines destructivos, acumulado y salvado, o considera más importante que el amor, trae enfermedad y desastre y la pérdida del dinero propio.

Siga el camino del amor y se agregan todas las cosas, *porque Dios es amor* y *que Dios es la fuente;* seguir el camino del egoísmo y la codicia y la fuente desaparece u hombre se separa de él.

Por ejemplo; Supe el caso de una mujer muy rica, que había acumulado sus ingresos. Ella rara vez dio nada, pero compró y compró y compró cosas para sí misma.

Estaba muy encariñado con los collares, y un amigo le preguntó una vez de su cuántos le poseyó. Ella respondió: "Sesenta y siete." Ella compró y puso distancia, cuidadosamente envuelto en papel de seda. Ella usó los collares habría sido absolutamente legítima, pero ella estaba violando "el derecho de uso". Sus armarios se llenaron de ella nunca usaba ropa y joyas que nunca vieron la luz. Los brazos de la mujer poco a poco fueron convirtiéndose en paralizado de poseer cosas y finalmente era considerada incapaz de cuidar de sus asuntos y su riqueza fue entregado a los demás a gestionar.

Por lo que el hombre, en la ignorancia de la ley, provoca su propia destrucción.

Toda enfermedad, toda infelicidad, provienen de la violación de la ley del amor. Boomerangs de hombre de odio, resentimiento y crítica, viene detrás cargado con enfermedad y dolor. Amor parece casi un arte perdido, pero el hombre con el conocimiento de la ley espiritual sabe que debe ser recuperado, porque sin él, se ha "convertido en como suena latón y tintineo platillos."

Por ejemplo: tuve un estudiante que vino a mí, mes tras mes, para limpiar su conciencia del resentimiento. Después de un rato, llegó en el punto donde ella resintió a una única mujer, pero una mujer mantuvo ocupado. Poco a poco se convirtió en punto y armoniosa, y un día, todo resentimiento fue aniquilada.

Ella llegó radiante y exclamó: "no puede entender lo que siento! La mujer me dijo algo y en vez de ser furiosa te estaba amando y clase y ella se disculpó y fue perfectamente encantador me.

Nadie puede entender la ligereza maravillosa que siento dentro!"

Amor y buena voluntad son invaluables en el negocio. Por ejemplo: una mujer vino a mí, quejándose de su empleador. Ella dijo que era frío y crítico y sabía que ella no le quería en la posición.

— Bueno — le respondí, "saludo la divinidad en la mujer y envía su amor."

Ella dijo "no puedo; ella es una mujer de mármol".

Respondí, "usted recuerda la historia del escultor que pidieron un cierto trozo de mármol. Se le preguntó por qué lo quería, y él respondió: 'porque hay un ángel en el mármol,' y de ella produjo una maravillosa obra de arte. "

Ella dijo: "muy bien, voy a probarlo." Una semana más tarde ella volvió y dijo, "hice lo que me dijiste, y ahora la mujer es muy amable y me llevaron en su coche.

Personas a veces están llenos de remordimiento por haber hecho alguien una crueldad, tal vez hace años.

Si el mal no puede ser corregido, su efecto puede ser neutralizado haciendo una una bondad *en el presente*.

"Esta una cosa hago, olvidando ciertamente lo que queda atrás y extendiéndome a lo que está antes."

Tristeza, pesar y remordimiento romper las células del cuerpo y envenenan la atmósfera del individuo.

Me dijo una mujer en profunda angustia, "me tratan para ser feliz y alegre, de mi tristeza me hace tan irritable con los miembros de mi familia que yo sigo haciendo más Karma.

Me pidieron que tratar a una mujer que lloraba por su hija. Niega toda creencia en la pérdida y separación y afirmaba que Dios era de la mujer alegría, amor y paz.

La mujer obtuvo su aplomo a la vez, pero enviando palabra de su hijo, no para tratar más de largo, porque estaba "tan feliz, que no era respetable."

Así que la "mente mortal" quiere aferrarse a sus penas y pesares.

Yo sabía que una mujer que iba de alardear de sus problemas, así que, por supuesto, que ella siempre tenía algo para presumir.

La vieja idea era si una mujer no se preocupó acerca de sus hijos, ella no era una buena madre.

Ahora, sabemos que la madre miedo es responsable de muchas de las enfermedades y accidentes que entran en las vidas de los niños. Por temor a imágenes vívidamente la enfermedad o situación temida y estas imágenes objetivar, si no neutralizaron.

Feliz es la madre que puede decir sinceramente, que pone a su hijo en las manos de Dios y por lo tanto, sabe que él está protegido divinamente.

Por ejemplo: una mujer se despertó de repente, en la noche, sintiendo que su hermano estaba en gran peligro. En lugar de ceder a sus temores, ella comenzó a hacer declaraciones de la verdad, diciendo: "el hombre es una idea perfecta en la mente divina, y es siempre en su lugar correcto, por lo tanto, mi hermano está en su lugar correcto y es divinamente protegidos."

Al día siguiente se encontró con que su hermano había sido en proximidad cercana a una explosión en una mina, pero milagrosamente había escapado.

Así que el hombre es el guardián de su hermano (en pensamiento) y cada hombre debe saber que lo que ama habita en "el secreto lugar del Altísimo y habita bajo la sombra del omnipotente.

"No será ningún mal te sobrevendrá, ni plaga vendrá cerca de tu vivienda."

"El perfecto amor echa fuera el temor. Que teme no es hecho perfecto en amor"y"El amor es el cumplimiento de la ley".

INTUICIÓN O GUÍA

"Reconócelo en todos tus caminos y
Él enderezará tus veredas."

No hay nada demasiado grande de realización para el hombre que conoce el poder de su palabra, y que sigue su intuitiva conduce. La palabra que comienza en acción invisible fuerzas y puede reconstruir su cuerpo o remold sus asuntos.

Es, por tanto, de suma importancia para elegir las palabras adecuadas, y el estudiante selecciona cuidadosamente la afirmación que quiere catapultar en lo invisible.

Él sabe que Dios es su fuente, que hay una fuente para cada demanda, y que su palabra libera esta fuente.

"Pedir y recibiréis."

Hombre debe dar el primer paso. "Dibujar cerca a Dios y él dibujará cerca a usted.

A menudo me han preguntado cómo hacer una demostración. Respondo: "la palabra y luego no hacer nada hasta que ge t una ventaja definitiva. Demanda la iniciativa, diciendo: "Espíritu Infinito, revelan a mi manera, me avisas si hay algo para mí hacer."

La respuesta vendrá a través de la intuición o corazonada; un Comentario de oportunidad de una persona, o un pasaje de un libro, etc., etc.. Las respuestas son a veces bastante sorprendentes en su exactitud. Por ejemplo: una mujer desea una gran suma de dinero. Ella dijo las palabras: "Espíritu Infinito, abre el camino para mi fuente de inmediato, dejó todo lo que es mío por divino ahora llegar a mí, en grandes avalanchas de abundancia. Luego agregó: "me da una ventaja definitiva, hágamelo saber si hay algo para mí hacerlo.

El pensamiento vino rápidamente, "Dar un seguro amigo" (que había ayudado a le espiritualmente) "cien dólares." Dijo su amiga, quien le dijo: "espera y recibe otro conducir, antes de". Así que esperó, y ese día conoció a una mujer que dice, "da alguien un dólar hoy; fue igual para mí, ya que sería para que usted pueda dar a alguien un centenar".

Éste era de hecho una ventaja inconfundible, así que sabía que estaba en dando cientos de dólares. Fue un regalo que demostró una gran inversión, para poco después, una gran suma de dinero vino a ella de manera notable.

Dar abre el camino para recibir. Con el fin de crear actividad en las finanzas, hay que dar. Diezmo o el dar una décima parte de los ingresos, es una vieja costumbre judía y está seguro de traer aumento. Muchos de los hombres más ricos de este país han sido tithers, y nunca he sabido que falle como una inversión.

La décima parte va hacia adelante y devuelve bendecido y multiplicado. Pero el regalo o el diezmo debe darse con amor y alegría, porque "Dios ama al dador alegre." Proyectos de ley deben ser pagados con alegría; todo el dinero debe enviarse hacia adelante sin miedo y con una bendición.

Esta actitud de la mente hace maestro de dinero. Es el de obedecer, y su palabra abre vastas reservas de riqueza.

Hombre, a sí mismo, limita su oferta por su limitada visión. A veces el alumno tiene una gran realización de la riqueza, pero tiene miedo de actuar.

La visión y la acción deben ir de la mano, como en el caso del hombre que compró el abrigo forrado de piel.

Una mujer vino a mí pidiéndome que "palabra" para una posición. Por lo que exigió: "Espíritu Infinito, abierto el camino para la posición de la mujer". Nunca pida a "una posición"; solicitar la posición correcta, el lugar ya previsto en la mente divina, ya que es el único que le dará satisfacción.

Entonces di gracias que ella ya había recibido, y que mostraría rápidamente. Muy pronto, ella tenía tres posiciones ofrecidas ella, dos en Nueva York y uno en Palm Beach, y no sabía cual elegir. Dije, "Pregunte para una definitiva ventaja."

El tiempo estaba casi arriba y estaba todavía indeciso, cuando un día, ella llamó por teléfono, "Cuando me levanté esta mañana, podía oler Palm Beach." Ella había estado allí antes y sabía de su aroma balsámico.

Le respondí: "Bueno, si puede oler Palm Beach desde aquí, es sin duda su plomo." Ella aceptó la posición, y resultó un gran éxito. A menudo el plomo llega en un momento inesperado.

Un día, caminaba por la calle, cuando de repente sentí un fuerte impulso de ir a una cierta panadería, un bloque o dos lejos.

La mente del razonamiento resistida, argumentando, "No hay nada que desee".

Sin embargo, había aprendido no a la razón, así que fui a la panadería, vieron todo, y ciertamente no había nada que yo quería, pero saliendo me encontré con una mujer había pensado a menudo, y que se encontraba en gran necesidad de la ayuda que podía darle. Tan a menudo, uno va para una cosa y encuentra otra.

Intuición es una facultad espiritual y no explica, sino simplemente *señala el camino.*

Una persona recibe a menudo una ventaja durante el "tratamiento". La idea de que viene puede parecer bastante irrelevante, pero algunos de la guía de Dios son "misteriosos".

En la clase, un día, estaba tratando que cada individuo recibiría una ventaja definitiva. Una mujer vino a mí después y dijo: "Mientras trataban, tengo el pálpito de mis muebles de almacenamiento y un apartamento." La mujer había llegado a tratar para la salud. Le dije que sabía que una casa de su propio, su salud mejorara, y agregué, "Creo que su problema, que es una congestión, ha llegado de tener cosas almacenadas. Congestión de las cosas causa congestión en el cuerpo. Han violado la ley de uso, y su cuerpo está pagando la pena.

Así que dio gracias ese "*orden divino fue establecido en su mente, cuerpo y asuntos.*"

Personas poco sueñan cómo reaccionan sus asuntos en el cuerpo. Existe una correspondencia mental para cada enfermedad. Una persona podría recibir sanación instantánea a través de la realización de su cuerpo es una idea perfecta en la mente divina y, por consiguiente, entero y perfecto, pero si continúa su pensamiento destructivo, acaparador, odiar, temiendo, condenar, la enfermedad volverá.

Jesús Cristo sabía que toda enfermedad vino del pecado, sino que amonestó al leproso después de la cura, y no peques más, no sea que una cosa peor vendrá sobre él.

Así que de hombre alma (o mente subconsciente) debe lavar más blanca que la nieve, para la cura permanente; y el metafísico siempre es ahondar profundamente de la "correspondencia".

Jesús Cristo dijo, "Condenan no para que vosotros también condenarse".

"No juzguéis, para que no seáis juzgados."

Muchas personas han atraído la enfermedad y la infelicidad a través de la condenación de los demás.

Lo que el hombre condena en los demás, atrae a sí mismo.

Por ejemplo: un amigo vino a mí en ira y angustia, porque su marido le había abandonado por otra mujer. Ella condenó a la otra mujer y dijo, "Ella sabía que él era un hombre casado y no tenía derecho a aceptar sus atenciones".

Le respondí. "Dejar de condenar a la mujer, Bendícela y ser a través de la situación, por otra parte, que están atrayendo lo mismo a ti mismo".

Ella era sorda a mis palabras y uno o dos años más tarde, se interesó profundamente en un hombre casado, ella misma.

Hombre recoge un alambre vivo siempre critica o condena y puede esperar un choque.

La indecisión es un obstáculo en muchos un camino. Para superarlo, hacer la declaración, repetidamente, "*estoy siempre bajo la inspiración directa; Tomar decisiones correctas, rápidamente.*" Estas palabras impresionan el subconsciente y pronto uno se encuentra despierto y alerta, haciendo que su derecho se mueve sin la vacilación. He encontrado destructiva al plano psíquico buscando orientación, ya que es el plano de muchas mentes y no "la una mente."

Como hombre abre su mente a la subjetividad, se convierte en un objetivo de fuerzas destructivas. El plano psíquico es el resultado del pensamiento mortal del hombre y es en el "plano de los opuestos". Puede recibir mensajes ya sea buenos o malos.

La ciencia de los números y la lectura de horóscopos, mantener hombre en el plano mental (o mortal), porque sólo tratan el camino kármico.

Sé de un hombre que debería haber sido muerto, hace años, según su horóscopo, pero él está vivo y un líder de uno de los movimientos más grandes en este país para la elevación de la humanidad.

Se necesita una mente muy fuerte para neutralizar una profecía del mal. El estudiante debe declarar, "cada profecía falsa vendrá a la nada; todos los planes de mi padre en el cielo no tiene previsto, será disuelto y se disipó, la idea divina llega a pasar.

Sin embargo, si nunca ha recibido ningún mensaje positivo, de que viene felicidad o riqueza, puerto y esperamos y se manifestará tarde o temprano, a través de la ley de la esperanza de.

Hombre se puede usarse para respaldar la voluntad universal. "Voy a hacer la voluntad de Dios".

Es la voluntad de Dios a cada hombre, cada deseo justo de su corazón, y hombre debe se utilizará para sostener la visión perfecta, sin titubear.

El hijo pródigo dijo: "se presentan e iré a mi padre".

Es, de hecho, a menudo un esfuerzo de la voluntad de dejar las cáscaras y porcina del pensamiento mortal. Es mucho más fácil para la persona promedio, que miedo que fe; *así que la fe es un esfuerzo de la voluntad.*

Como el hombre llega a ser despertado espiritualmente él reconoce que cualquier armonía externa es la correspondencia de armonía mental. Si tropieza o cae, él sabe que es tropezar o caer en la conciencia.

Un día, un estudiante estaba caminando por la calle condenar a una persona en sus pensamientos. Ella estaba diciendo, mentalmente, "esa mujer es la mujer más desagradable en la tierra," cuando de repente tres exploradores de muchacho corrió la vuelta de la esquina y casi le voltea. Ella no condenó los boy scouts, pero había llamado en la ley del perdón y "saludó a la divinidad" en la mujer. Camino de la sabiduría son formas de simpatía y todas sus veredas son paz.

Cuando uno ha hecho su demanda en lo Universal, debe ser preparado para las sorpresas. Todo parece ir mal, cuando en realidad, va derecha.

Por ejemplo: una mujer le dijo que no había pérdida en la mente divina, por lo tanto, ella no podía perder nada que perteneció a ella; nada perdido, se devolverían o ella recibiría su equivalente.

Varios años previamente, ella había perdido 2 mil dólares. Ella había prestado el dinero a un familiar durante su vida, pero el pariente había muerto, no dejando mención de él en su testamento. La mujer estaba resentido y enojado, y como ella no tenía ninguna declaración por escrito de la operación, ella nunca recibió el dinero, así que ella decidió negar la pérdida y recoger los 2 mil dólares del Banco de la Universal. Tenía que empezar por perdonar a la mujer, como resentimiento y falta de perdón cierra las puertas de este maravilloso Banco.

Hizo esta declaración, "negar la pérdida, no existe pérdida en la mente divina, por lo tanto, no puedo perder los 2 mil dólares, que pertenecen por derecho divino." *Como una puerta cierra otra puerta se abre."*

Ella vivía en una casa que estaba a la venta; y en el contrato de arrendamiento era una cláusula, que dice si la casa fue vendida, se necesitarían los inquilinos a mudarse dentro de noventa días.

De repente, el propietario rompió los contratos de arrendamiento y había levantado el alquiler. Otra vez, injusticia estaba en su camino, pero esta vez fue tranquilo. Bendijo el propietario y dijo, "como el alquiler se ha planteado, significa que voy a ser que mucho más rica, porque Dios es mi suministro."

Nuevas concesiones fueron hechas hacia fuera Alquiler avanzada, pero por algún error divino, había olvidada la cláusula noventa días. Pronto después, el propietario tuvo la oportunidad de vender la casa. Por el error en los nuevos contratos de arrendamiento, los inquilinos cabo posesión por otro año.

El agente le ofreció a cada inquilino doscientos dólares si se desocupa. Varias familias que se movió; tres permanecían, incluyendo la mujer. Pasan un mes o dos, y el agente apareció otra vez. Esta vez, dijo a la mujer, "usted romperá su contrato de arrendamiento por la suma de mil quinientos dólares?" Brilló en ella, "Aquí viene los 2 mil dólares". Recordó haber dicho a los amigos en la casa, "vamos a todo acto juntos si nada más se dice sobre dejar." Por lo que su *plomo* fue a consultar a sus amigos. Estos amigos dijo: "Bueno, si te han ofrecido mil quinientos que sin duda dará 2 mil". Así que ella recibió un cheque por 2 mil dólares para abandonar el apartamento. Sin duda fue un trabajo notable de la ley, y la injusticia aparente simplemente abrió el camino para su manifestación.

Probó que no existe pérdida, y cuando el hombre toma su soporte espiritual, que recoge todo lo que es suyo de este gran depósito de buena.

"Se restauro a usted los años que han comido las langostas."

Las langostas son las dudas, temores, resentimientos y remordimientos del pensamiento mortal.

Estos pensamientos negativos, solos roban a hombre; "ningún hombre se da a sí mismo sino a sí mismo, y para ningún hombre toma distancia de sí mismo, sino a sí mismo.

Hombre está aquí para demostrar a Dios y "para dar testimonio a la verdad", y sólo él puede probar Dios trayendo un montón de la falta y la justicia de la injusticia.

"Probadme ahora en esto, dice Jehová de los ejércitos, si no os abriré las ventanas de los cielos y derramaré bendición que no habrá espacio suficiente para recibir."

EXPRESIÓN PERFECTA

o

EL DISEÑO DIVINO

"Ningún viento puede conducir mi corteza astray
ni cambiar la marea del destino.

Hay para cada hombre, perfecta expresión. Hay un lugar que es para llenar y nadie puede llenar, algo que él debe hacer, que nadie más puede hacer; es su destino!

Este logro se lleva a cabo, una idea perfecta en la mente divina, en espera de reconocimiento del hombre. Como la proyección de imagen de la Facultad es la Facultad creativa, es necesario para el hombre ver la idea, antes de que puede manifestar.

Así la demanda más alta del hombre es para el *Diseño divino de su vida.*

No puede tener la más remota concepción de lo que es, posiblemente, hay algún talento maravilloso, escondido dentro de él.

Su demanda debe ser: «*Espíritu Infinito, abrir el camino para el diseño divino de mi vida a manifestar; dejó el genio dentro de mí ahora ser lanzado; me deja ver claramente el plan perfecto.*"

El plan perfecto incluye salud, riqueza, amor y expresión perfecta. Se trata de la *Plaza de la vida*, que trae la felicidad perfecta. Cuando uno ha hecho esta demanda, puede encontrar grande que cambios en su vida, casi todo hombre ha vagado lejos del diseño divino.

Sé que, en caso de una mujer, era como si un ciclón había pulsado sus asuntos, pero reajustes llegaron rápidamente y condiciones nuevas y maravillosas tomaron el lugar de los.

Perfecta expresión nunca será mano de obra; pero de tan absorbente interés ti te parecerá casi como juego. El estudiante sabe, también, como hombre entra en el mundo financiado por Dios, la *fuente* necesaria para su perfecta expresión estará a mano.

Muchos un genio ha luchado durante años con el problema de la fuente, cuando su palabra y la fe, habría liberado rápidamente, los fondos necesarios.

Por ejemplo: después de la clase, un día, un hombre vino a mí y me entregó un centavo.

Él dijo: "tengo apenas siete centavos de dólar en el mundo, y voy a darle uno; tengo fe en el poder de su palabra hablada. Quiero hablar la palabra de mi expresión perfecta y la prosperidad."

"Habló la palabra" y no le vio otra vez hasta un año después. Él vino en un día, exitoso y feliz, con un rollo de billetes amarillos en su bolsillo. Él dijo: "inmediatamente después de que habló la palabra, tenía una posición que me ofrecen en una ciudad lejana y estoy demostrando ahora salud, felicidad y suministro.

Expresión perfecta de una mujer puede convertirse en una esposa perfecta, madre perfecta, un perfecto hacedor de casa y no necesariamente en tener una carrera pública.

Demanda definida conduce, y el camino se hará fácil y exitosa.

Uno no debe visualizar o forzar una imagen mental. Cuando exige el diseño divino para entrar en su mente consciente, él recibir destellos de inspiración y comienzan a verse a sí mismo que algún gran logro. Se trata de la imagen, o idea, él debe sostener sin vacilar.

El hombre lo busca lo busca,*el teléfono estaba buscando campana!*

Los padres nunca deben forzar carreras y profesiones en sus hijos. Con un conocimiento de la verdad espiritual, el Plan divino puede ser hablado, temprano en la infancia, o prenatally.

Un tratamiento prenatal debe ser: "que el Dios en este niño expresión perfecta; Deje el diseño divino de su mente, cuerpo y asuntos se manifiesta a lo largo de su vida, por toda la eternidad."

Dios se hará, no de hombre; El patrón de Dios, no hombre patrón, es el comando que se encuentra pasando por todas las escrituras y la Biblia es un libro que trata la ciencia de la mente. Es un libro que dice a hombre como liberar su alma (o mente subconsciente) de la esclavitud.

Las batallas descritas son imágenes de hombre librando una guerra contra pensamientos mortales. "Enemigos del hombre serán los de su propia casa." Cada hombre es Jehoshaphat, y cada hombre es David, que mata a Goliat (pensamiento mortal) con la pequeña piedra blanca (la fe).

Así que hombre debe tener cuidado de que no es el "malvado y perezoso siervo" que enterró su talento. Hay una terrible pena a pagar por no utilizar la capacidad.

A menudo el miedo está parado entre el hombre y su expresión perfecta. Etapa-fright ha obstaculizado muchos un genio. Esto puede ser superado por la palabra hablada, o el tratamiento. El individuo entonces pierde toda la timidez y simplemente siente que es un canal para la inteligencia infinita para expresarse a través de.

Es bajo la inspiración directa, valiente y confiada; para él se siente que es "El padre dentro de" lo que hace el trabajo.

Un joven vino a menudo a mi clase con su madre. Me pidió que "hablar de la palabra" para sus próximos exámenes en la escuela.

Le dije al hacer la declaración: "yo soy uno con la inteligencia infinita. Todo lo que debo saber sobre este tema sé. Tenía un excelente conocimiento de la historia, pero no estaba seguro de su aritmética. Lo vi luego y me dijo: "habló la palabra para mi aritmética y pasado con los más altos honores; pero pensamiento podría depender de mí mismo para la historia y tiene una marca muy mala. Hombre a menudo recibe un revés cuando él está "demasiado seguro de sí mismo," que significa que él es confiar en su personalidad y no el "padre de".

Otro de mis estudiantes me dio un ejemplo de esto. Realizó un largo viaje en el extranjero un verano, visitar muchos países, donde ella era ignorante de los idiomas. Ella estaba pidiendo guía y protección cada minuto, y sus asuntos fueron suavemente y milagrosamente. Su equipaje fue retrasado nunca ni perdido! Habitaciones siempre estaban listas para ella en los mejores hoteles; y ella tenía un servicio perfecto dondequiera que iba. Regresó a Nueva York. Sabiendo la lengua, sentía que Dios ya no era necesario, así que cuidaba de sus asuntos en una manera ordinaria.

Todo salió mal, sus troncos retrasados, en medio de la armonía y la confusión. El estudiante debe formar el hábito de "practicar la presencia de Dios" cada minuto. "*En todos tus caminos Reconócele;*" nada es demasiado pequeño o demasiado grande.

A veces un incidente insignificante puede ser el punto de inflexión en la vida de un hombre.

Robert Fulton, viendo algo de agua hirviendo, hervir a fuego lento en una tetera, vio un barco a vapor!

Me han visto un estudiante, a menudo, mantener nuevamente su demostración, a través de la resistencia, o señalando el camino.

Su fe a un canal solo de los pernos y dicta la forma en que desea la manifestación por venir, que trae cosas a un punto muerto.

"*Mi camino, no tu camino!*" es el comando de la inteligencia infinita. Como todo poder, ya sea vapor o electricidad, debe tener un motor de nonresistant o instrumento para trabajar a través de, y el hombre es ese motor o instrumento.

Una y otra vez, hombre se dice "detenido". "Oh Judá, no temáis; pero mañana salir contra ellos, porque el Señor será contigo. No se necesita luchar esta batalla; establecer vosotros mismos, os quieto y ver la salvación de Jehová con vosotros.

Vemos esto en los incidentes de los 2 mil dólares a la mujer a través del propietario cuando se convirtió en *nonresistant* y *sin perturbaciones* y la mujer que ganó el amor del hombre "después de todo el sufrimiento había dejado."

Objetivo del estudiante es *aplomo! Equilibrio es poder*, porque es poder de Dios oportunidad de correr a través del hombre, a "será como el hacer su buena voluntad."

Preparada, piensa claramente y hace "derecha rápidamente decisiones." "Él nunca falta un truco."

Ira desdibuja las visiones, envenena la sangre, es la raíz de muchas enfermedades y causa mala decisión lleva a la falta.

Ha sido nombrada uno de los peores "pecados," como su reacción es tan nocivo. El alumno aprende que en metafísica el pecado tiene un significado mucho más amplio que en la antigua enseñanza. "Lo que no es de fe es pecado."

Hallazgos de que el miedo y preocupación son pecados capitales. Son fe invertida y a través de imágenes mentales distorsionadas, llevar a cabo lo que teme. Su trabajo consiste en expulsar a esos enemigos (de la mente subconsciente). "Cuando el hombre es *sin miedo se acaba!*" Maeterlinck dice, que "el hombre es miedo a Dios".

Así, leemos en los capítulos anteriores: hombre sólo puede vencer temor por subir a lo que teme. Cuando Josafat y su ejército prepararon para satisfacer al enemigo, cantar el "Alabado sea el Señor, porque su misericordia permanece para siempre," encontraron sus enemigos habían destruido mutuamente, y no había nada que pelear.

Por ejemplo: una mujer le pidió a un amigo para entregar un mensaje a otro amigo. La mujer teme para dar el mensaje, como el razonamiento mente dijo, "no te mezclado en este asunto, no dan ese mensaje.

Ella se angustió en espíritu, porque ella había dado su promesa. Finalmente, ella decidió "subir al león" y un llamamiento a la ley de la protección divina. Conoció al amigo a quien iba a entregar el mensaje. Ella abrió la boca para hablar, cuando su amigo dijo: "fulano ha dejado ciudad". Esto hace innecesario dar el mensaje, como la situación dependía de la persona en la ciudad. Como ella estaba dispuesta a hacerlo, ella no debía; como ella no miedo, desapareció la situación.

El estudiante a menudo retrasa su demostración a través de una creencia en medias. Debe hacer esta declaración:

"En la mente divina sólo terminación, por lo tanto, se termina mi demostración. Mi trabajo perfecto, mi hogar perfecto, mi salud perfecta." Lo que exige perfecto ideas registradas en la mente divina y debe manifestar, "bajo la gracia de manera perfecta." Da gracias que ya ha recibido en lo invisible y hace activa preparación recibir en el visible.

Uno de mis estudiantes necesitaba una manifestación financiera. Ella vino a mí y preguntó por qué no se completó.

Me respondió: "tal vez, estás en el hábito de dejar cosas inacabadas, y el subconsciente se ha metido en el hábito de no terminar (como el sin, así que el dentro de)."

Ella dijo, "usted tiene razón. A menudo *comienzan las cosas* y nunca acabar con ellos.

"Voy a ir a casa y terminar algo que comenzó hace semanas y sé que será de mi demostración."

Por lo que ella cosía asiduamente, y el artículo fue terminado pronto. Poco después, el dinero vino de una manera más curiosa.

Su marido fue pagado su sueldo dos veces ese mes. Dijo a la gente de su error, y enviaron palabra a mantenerlo.

Cuando el hombre pide, *creyendo, él debe recibir, Dios crea sus propios canales!*

He planteado algunas veces, "Supongamos que uno tiene varios talentos, como es el saber que uno elija?" Demanda a ser demostrado definitivamente. Decir: "Espíritu Infinito, me da una ventaja definitiva, revélame mi expresión perfecta, me demuestra que talento estoy para hacer uso de ahora."

He conocido personas de repente entrar en una nueva línea de trabajo, y ser totalmente equipado, con poco o ningún entrenamiento. Así que la declaración: "*yo estoy equipado para el Plan divino de mi vida*" y ser valiente en captar oportunidades.

Algunas personas son dadores alegres, pero malos receptores. Rechazan regalos por orgullo, o algunos negativos razón, bloqueando así sus canales y se encuentran invariablemente eventualmente con poco o nada. Por ejemplo: una mujer que había dado a una gran cantidad de dinero, tenía un regalo que le ofreció de varios miles de dólares. Ella se negó a tomarla, diciendo que no lo necesitaba. Pronto después de eso, sus finanzas estaban "atadas", y se encontró en la deuda de esa cantidad. Hombre debe recibir con gracia el pan volver a él sobre el agua, os han dado libremente, libremente recibiréis.

Siempre es el perfecto equilibrio de dar y recibir, y aunque el hombre debe dar sin pensar en retornos, viola la ley si no acepta las declaraciones que vienen a él; para todos los regalos son de Dios, el hombre es simplemente el canal.

Un pensamiento de falta nunca debe sujetarse sobre el donante.

Por ejemplo: cuando el hombre me dio un centavo, yo no he dicho: "pobre hombre, no puede permitirse que me dé que." Lo vi rico y próspero, con su verter la fuente. Fue este pensamiento que lo trajo. Si uno ha sido un mal receptor, debe ser uno bueno y tomar incluso una estampilla si le es dado y abrir sus canales para la recepción.

El Señor ama un receptor alegre, así como un dador alegre.

A menudo me han preguntado por qué nace un hombre rico y sano y otro pobre y enfermo.

Donde hay un efecto siempre es una causa; no hay nada como oportunidad.

Esta pregunta es contestada a través de la ley de la reencarnación. Hombre pasa a través de muchos nacimientos y muertes, hasta que él sabe la verdad que lo fija libre.

Él es retirado para el plano de la tierra a través de deseo insatisfecho, a pagar sus deudas kármicas, o a "cumplir con su destino".

El hombre nacido rico y saludable ha tenido imágenes en su mente subconsciente, en su vida pasada, de la salud y riquezas; y el hombre pobre y enfermo, de la enfermedad y la pobreza. Hombre se manifiesta, en cualquier plano, la suma total de sus creencias subconscientes.

Sin embargo, el nacimiento y la muerte son leyes hechas por el hombre, para la "paga del pecado es muerte"; la caída de Adán en la conciencia a través de la creencia en dos poderes. El hombre verdadero, hombre espiritual, es birthless e inmortal! Nunca nació y nunca ha muerto, "Como era al principio, es ahora y siempre será!"

Así que a través de la verdad, hombre es libertado de la ley del Karma, el pecado y la muerte y manifiesta al hombre hizo a "Su imagen y semejanza". Libertad del hombre está cumpliendo con su destino, trayendo a la manifestación el diseño divino de su vida.

Su Señor él le digo: "has hecho bien buen siervo y fiel, sobre poco has sido fiel, te haré gobernante sobre muchas cosas (muerte); entrar tú en el gozo de tu Señor (vida eterna)".

LAS NEGACIONES Y AFIRMACIONES

"Tú también serás decreto una cosa, y se establecerá a ti.

Todo lo bueno que es se manifieste en la vida del hombre es ya un hecho consumado en la mente divina y es lanzado a través del reconocimiento del hombre o hablado de la palabra, por lo que debe ser cuidadoso al decreto que sólo la Idea divina se manifieste, porque a menudo, decreta, a través de sus "palabras ociosas", fracaso o desgracia.

Por lo tanto, resulta de suma importancia, a las exigencias de la palabra correctamente, como se dice en un capítulo anterior.

Si uno desea un hogar, amigos, posición o cualquier otra cosa buena, hacer la demanda para la "selección divina".

Por ejemplo: "Espíritu Infinito, abrir el camino para mi casa derecha, mi amigo justo, mi posición correcta. Doy gracias *que ahora se manifiesta bajo la gracia de manera perfecta*."

La última parte de la declaración es muy importante. Por ejemplo: sabía que una mujer que exigió 1 mil dólares. Su hija fue herida y recibieron una indemnización de mil dólares, por lo que no entró en una "forma perfecta". La demanda debe haber redactado de esta manera: "Espíritu Infinito, te doy las gracias que los 1 mil dólares, que es mío por derecho divino, ahora es liberado y me llega bajo la gracia, de manera perfecta."

A medida que uno crece en un sentido financiero, debe exigir que las enormes sumas de dinero, que son suyos por derecho divino, llegar a él bajo la gracia, de manera perfecta.

Es imposible para el hombre liberar más de lo que piensa es posible, que uno está limitado por las limitadas expectativas del subconsciente. Él debe ampliar sus expectativas con el fin de recibir de una manera más grande.

Hombre tan a menudo se limita en sus demandas. Por ejemplo: un alumno hizo la demanda de seiscientos dólares, por una fecha determinada. Lo recibí, pero oído después que él estuvo muy cerca de recibir 1 mil dólares, pero se le dio a seiscientos, como resultado de su palabra.

"Limita al Santo de Israel." Riqueza es un asunto de conciencia. Los franceses tienen una leyenda dando un ejemplo de esto. Un hombre pobre caminaba por un camino cuando se encontró con un viajero, que lo detuvo y le dijo: "mi buen amigo, veo que es pobres. Tomar esta pepita de oro, venderlo y serás rico todos los días.

El hombre estaba contento en su buena fortuna y llevó a la casa de pepita. Inmediatamente encontró trabajo y llegó a ser tan próspero que no ha vendido la pepita. Pasaron años, y se convirtió en un hombre muy rico. Un día conoció a un hombre pobre en el camino. Se le detuvo y le dijo: "mi buen amigo, voy a darle esta pepita de oro, que, si vendes, te hará rico de la vida." El mendicante tomó el nugget, había valorado y encontró sólo latón. Por lo que vemos, el primer hombre llegó a ser rico a través de la rica sensación, pensando la pepita de oro.

Cada hombre tiene dentro de sí una pepita de oro; *es su conciencia de oro, de opulencia, que trae riqueza a su vida.* En la fabricación de sus demandas, hombre comienza su *fin de viaje*, es decir, declara *ha recibido*. "*Antes de llaman a os respondo.*" Afirmando continuamente establece la creencia en el subconsciente.

No sería necesario hacer una afirmación más de una vez si uno tuviera fe perfecta! Uno no debe pedir o suplicar, pero dar gracias repetidas veces, que ha recibido.

"El desierto debe *regocijarse* y flores como la rosa." Este regocijo que está todavía en el desierto (estado de conciencia) abre el camino para el lanzamiento. La oración del Señor es en forma de comando y la demanda, "Danos hoy nuestro pan de cada día y perdónanos nuestras deudas como nosotros perdonamos a nuestros deudores" y termina en la alabanza, "porque tuyo es el Reino y el poder y la gloria, para siempre. Amén." "Con respecto a las obras de mis manos, comando ye me." Así que la oración es mando y demanda, alabanza y acción de gracias. Trabajo del estudiante es en sí mismo haciendo creer que "con Dios todas las cosas son posibles."

Esto es bastante fácil al estado en abstracto, pero un poco más difícil cuando se enfrenta a un problema. Por ejemplo: era necesario que una mujer demostrar una gran suma de dinero dentro de un plazo establecido. Sabía que ella debe *hacer algo* para conseguir una realización (para la realización es manifestación), y exigió un "plomo".

Ella caminaba a través de un almacén, cuando vio un papercutter esmalte rosa muy bonita. Sentía el "tirón" hacia él. El pensamiento vino. "No tengo un cortador de papel lo suficientemente buena para abrir cartas que contienen los cheques grandes."

Así que ella compró el papercutter, llamado la mente razonamiento habría una extravagancia. Cuando ella sostenía en su mano, tenía un flash de una imagen de sí misma abriendo el sobre que contiene un cheque grande, y en pocas semanas, recibió el dinero. La rosa papercutter era su puente de fe activa.

Muchas historias se cuentan del poder del subconsciente cuando dirigió en fe.

Por ejemplo: un hombre estaba pasando la noche en una granja. Las ventanas de la habitación habían sido clavadas hacia abajo, y en medio de la noche se sentía sofocado e hizo su camino en la oscuridad a la ventana. Él no pudo abrir, por lo que rompieron el panel con el puño, dibujó en corrientes de aire fino y tenía sueño una maravillosa noche de.

A la mañana siguiente, encontró había roto el cristal de una estantería y la ventana había permanecido cerrada durante toda la noche. Tenía *sí mismo con el oxígeno, simplemente por su pensamiento de oxígeno suministrado.*

Cuando un estudiante comienza a demostrar, él no debe nunca dar marcha atrás. "Que a no que el hombre que trata creo que recibirá nada del Señor".

Un estudiante una vez hizo esta maravillosa declaración, "cuando pedir al padre cualquier cosa, puse mi pie hacia abajo y decir: padre, me quedo con nada menos de lo que he pedido, pero más!"

Por lo que el hombre nunca debe comprometer: "habiendo hecho todo — soporte." A veces es el momento más difícil de demostrar. La tentación viene a dar marcha atrás, al compromiso.

"Él también sirve solamente que está parada y espera".

Demostraciones a menudo vienen a última hora porque hombre entonces deja ir, es decir, paradas de razonamiento, y la inteligencia infinita tiene una oportunidad de trabajar.

"Deseos sombríos del hombre se responden lúgubremente, y desea su impaciente, largo retrasa o violentamente cumplido.

Por ejemplo: una mujer me preguntó por qué era ella constantemente fue perdiendo o rompiendo sus gafas.

Encontramos a menudo dijo que ella y otros con aflicción, "deseo que pude deshacerme de mis gafas." Tan violentamente se cumplió su deseo impaciente. Lo que ella debe han exigido fue vista perfecta, pero lo que ella registrada en el subconsciente fue simplemente el deseo impaciente de deshacerse de sus gafas; por lo que continuamente estaban siendo roto o perdido.

Perder dos actitudes de la mente: depreciación, como en el caso de la mujer que no apreció su marido, o el *miedo a la pérdida*, que hace un cuadro de pérdida en el subconsciente.

Cuando un estudiante es capaz de dejar atrás su problema (echa su carga) tendrá manifestación instantánea.

Por ejemplo: una mujer estaba hacia fuera en un día muy tormentoso y su paraguas fue volado adentro hacia fuera. Estaba a punto de llamar a algunas personas a quienes ella nunca había conocido y ella no quiso hacer su primera aparición con un paraguas destartalado. Ella podría no tirarla, ya que no pertenecían a ella. Por lo que en su desesperación, exclamó: "Oh, Dios, hacerse cargo de este paraguas, no sé qué hacer."

Un momento después, una voz detrás de ella dijo: "Señora, ¿desea su paraguas reparado?" Allí estaba parado un reparador de paraguas.

Ella respondió: «En efecto, hacer».

El hombre reparado el paraguas, mientras que ella entró en la casa para pagar su llamada, y cuando regresó, tenía una buena sombrilla. Así que siempre hay un reparador de paraguas a la mano, camino del hombre, cuando uno pone el paraguas (o situación) en las manos de Dios.

Uno debe seguir siempre una negación con una afirmación.

Por ejemplo: me llamaron en el ' teléfono una noche para el tratamiento de un hombre a quien nunca había visto. Él era al parecer muy enfermo. He hecho la declaración: "niego esta aparición de la enfermedad. Es irreal, por lo tanto no se puede registrar en su conciencia; Este hombre es una idea perfecta en la mente divina, expresando la perfección de sustancia pura.

No hay tiempo ni espacio, en la mente divina, por lo tanto la palabra llegue instantáneamente a su destino y no "devuelve vacía." Han tratado a pacientes en Europa y han encontrado que el resultado fue instantáneo.

A menudo me preguntan la diferencia entre visualizar y visión. Visualizar es un proceso mental regido por la mente consciente o razonamiento; visión es un proceso espiritual, gobernado por la intuición y la mente superconsciente. El estudiante debe entrenar su mente para recibir estos destellos de inspiración y trabajar las "imágenes divinas", a través de cables definitivos. Cuando un hombre puede decir, «Deseo solamente lo que Dios quiere para mí», sus falsos deseos se desvanecen de la conciencia, y un nuevo conjunto de planos le es dado por el arquitecto maestro, el Dios interior. El plan de Dios para cada hombre trasciende la limitación de la mente del razonamiento y es siempre el cuadrado de la vida, con salud, riqueza, amor y expresión perfecta. Muchos un hombre está construyendo para sí mismo en la imaginación un bungalow al que debe construir un palacio.

Si un estudiante intenta forzar una demostración (a través de la mente razonamiento) trae a un punto muerto. "Se apresuro," dice el Señor. Él debe actuar sólo a través de la intuición, o conduce en definitiva. "Descansar en el Señor y esperar pacientemente. También confía en él, y él traerá a pasar.

He visto la ley de trabajo de la manera más sorprendente. Por ejemplo: un estudiante declaró que es necesario tener cien dólares al día siguiente. Era una deuda de vital importancia que debía cumplirse. "Hablé la palabra", declara el espíritu nunca fue "demasiado tarde" y que la fuente era a mano.

Esa noche ella ' me llamó por teléfono el milagro. Dijo que la idea vino a ella para ir a su caja fuerte del Banco para examinar algunos papeles. Ella miró los papeles y en la parte inferior de la caja, era un nuevo billete de cien dólares. Ella se asombró y dijo que sabía que ella nunca lo había puesto allí, porque había ido muchas veces a través de los documentos. Puede haber sido una materialización, como Jesucristo se materializaron los panes y los peces. Hombre llega a la etapa donde su "palabra es hecha carne," o materializada, al instante. "Los campos, maduros con la cosecha," manifestará inmediatamente, como en todos los milagros de Jesucristo.

Hay un tremendo poder en el nombre de Jesucristo. Está parado de *Hecho manifiesta la verdad.* Él dijo: "pedís al padre, en nombre y, dará a usted.

El poder de este nombre eleva el estudiante en la cuarta dimensión, donde él es liberado de todas las influencias astrales y psíquicas, y se convierte en "incondicionada y absoluta, como Dios mismo es incondicionada y absoluta".

He visto muchas sanidades logradas mediante el uso de las palabras, "En nombre de Jesucristo."

Cristo era persona y principio; y el Cristo dentro de cada hombre es su Redentor y salvación.

El Cristo, es su propio ser dimensional cuarto, el hombre hecho a imagen y semejanza de Dios. Esto es el ser que nunca ha fallado, nunca conocida enfermedad o tristeza, nunca nació y nunca ha muerto. Es la "Resurrección y la vida" de cada hombre! "Ningún hombre ha de venir al Padre excepto por el hijo," significa, que Dios, el Universal, trabajando en el lugar de lo particular, se convierte en el Cristo en el hombre; y el Espíritu Santo, Dios de la inacción. Así todos los días, hombre es que manifiesta la Trinidad de padre, hijo y Espíritu Santo.

Hombre debe hacer un arte de pensar. El maestro pensador es una artista y tiene cuidado de pintar solamente los diseños divinos sobre el lienzo de su mente; y que pinta estos cuadros con magistrales golpes de poder y decisión, teniendo perfecta fe que no hay ninguna energía de mar su perfección y que se manifiestan en su vida el ideal hecho realidad.

Todo poder es hombre (a través del pensamiento de la derecha) para traer *su cielo* a *su tierra*, y esto la *objetivo de la "juego de la vida."*

Las reglas simples son amor, resistencia pasiva y la fe sin miedo! Podrá cada lector ahora liberarse de aquello que le ha mantenido en esclavitud a través de las edades, se interpone entre él y su propia y "conocer la verdad que hace libre de él" — libre cumplir con su destino, para traer a manifestación*"diseño divino de su vida*, salud, riqueza, amor y expresión perfecta." "Transformaos por la renovación de vuestra mente."

LAS NEGACIONES Y AFIRMACIONES

(Para prosperidad)

Dios es mi fuente inagotable, y grandes cantidades de dinero vienen a mí rápidamente, bajo la gracia, de manera perfecta.

(Para condiciones adecuadas)

Todos los planes de mi padre en el cielo no tiene previsto, será disuelto y disipada, y la Idea divina llega a pasar.

(Para condiciones adecuadas)

Sólo lo que es verdadero de Dios es verdad de mí, yo y el padre son uno.

(Por fe)

Como yo soy uno con Dios, yo soy uno con mi buen, porque Dios es el *dador* y el *regalo*. No puedo separar el *dador* del regalo.

(Para condiciones adecuadas)

Amor divino ahora se disuelve y disipa cada condición mal en mi mente, cuerpo y asuntos. Amor divino es la sustancia más poderosa en el universo y *todo lo disuelve* que no es de sí mismo!

(De salud)

Divina las inundaciones de amor que mi conciencia de salud, y cada célula de mi cuerpo está lleno de luz.

(Para vista)

Mis ojos son los ojos de Dios, veo con los ojos del espíritu. Veo claramente el camino abierto; no hay obstáculos en mi camino. Claramente veo el plan perfecto.

(De orientación)

Soy divinamente sensible a mis plomos intuitivas y dar obediencia instantánea a tu voluntad.

(Para la audiencia)

Mis oídos son oídos de Dios, escucho con los oídos del espíritu. Soy nonresistant y estoy dispuesto a ser dirigido. Escucho alegres nuevas de gran gozo.

(Para trabajo bien)

Tengo un trabajo perfecto
Una manera perfecta;
Doy un servicio perfecto
Para la paga perfecta.

(Para la libertad de la esclavitud de todos)

Echa sobre el Cristo dentro de esta carga, e ir gratis!

Sobre el autor

Florence Scovel Shinn (24 de septiembre de 1871, Camden, New Jersey – 17 de octubre de 1940) fue un ilustrador artista y libro americano que se convirtió en un nuevo pensamiento maestro espiritual y escritor metafísico en sus años medios.

Made in the USA
Coppell, TX
01 June 2021